小裂变团队 著

裂变增长秘籍

机械工业出版社
CHINA MACHINE PRESS

《裂变增长秘籍》基于微信大生态，围绕裂变获客、留存促活、销售变现、客户管理四大模块展开讲述，旨在帮助更多互联网人快速学会裂变增长方法，树立用户增长的全局观。

第1章通过"裂变获客十字诀"概括了微信生态裂变方法，讲述了基于公众号、小程序、社群、个人号、企业微信五大流量触点的裂变增长方法，包括裂变原理解析、裂变活动策划、真实案例复盘。第2章讲述了基于五大流量触点，有哪些用户促活与精细化运营的方式。第3章讲述了基于微信生态最热门的三种变现方式即分销裂变、拼团裂变、直播带货变现。第4章讲述了企业微信客户管理的实际操作方法，帮助企业做好大规模客户的精细化运营。第5章介绍了34个实操案例。

通过阅读此书，不仅能看懂裂变、学会裂变，还能真正实操裂变，成为更值钱的"增长操盘手"。

图书在版编目（CIP）数据

裂变增长秘籍 / 小裂变团队著. —北京：机械工业出版社，2020.12
ISBN 978-7-111-67339-2

Ⅰ.①裂… Ⅱ.①小… Ⅲ.①企业管理–运营管理 Ⅳ.①F273

中国版本图书馆 CIP 数据核字（2021）第 019411 号

机械工业出版社（北京市百万庄大街22号　邮政编码100037）
策划编辑：曹雅君　　责任编辑：曹雅君
责任校对：李　伟　　封面设计：马书遥
责任印制：孙　炜
北京联兴盛业印刷股份有限公司印刷
2021年3月第1版第1次印刷
169mm×239mm · 13.75 印张 · 1 插页 · 172 千字
标准书号：ISBN 978-7-111-67339-2
定价：79.00元

电话服务　　　　　　　　　网络服务
客服电话：010-88361066　　机　工　官　网：www.cmpbook.com
　　　　　010-88379833　　机　工　官　博：weibo.com/cmp1952
　　　　　010-68326294　　金　书　网：www.golden-book.com
封底无防伪标均为盗版　　　机工教育服务网：www.cmpedu.com

前　言

开头不好，不见得结果就一定会差。

你好，我是小裂变创始人张东晴。2018 年我写了微信生态裂变增长手册，2019 年提出要裂变到底，今年想说的是，兄弟们要想尽一切办法**逆势增长**。

我一直都在思考"增长"这个问题。什么是好的增长？是纯粹的用户量暴涨吗？是销售额的短期增长吗？是，但也不完全对等。我理解的好的增长是：**在用户量不断增长的过程中，让用户持续高频地体验、消费你的产品和服务**。这句话极为适用基于微信生态做业务的公司开展增长工作。

微信在 2019 年释放了很多能量，让这个大生态变得不仅有趣而且更加有想象的空间了，尤其是 2019 年底企业微信召开第一次产品发布会后，增添了客户朋友圈、客户群、群直播等功能，让大家在这个生态内做业务有更高效率和更加落地的商业化解决方案。

原有的微信生态被划分为四大流量触点：公众号、小程序、社群、个人号，我们更多关注这四个触点的用户增长和商业变现。随着企业微信、视频号、微信直播加入流量触点大家族，会衍生出更多的新方法，都有非常大的增长潜力和空间。

但是无论怎么新增，无论如何变化，微信生态经过这几年的混沌增长期，我们可以逐渐清晰地将业务增长的打法删繁就简，划分为四大模块，分别是：**裂变获客、留存促活、销售变现、客户管理**。

裂变获客 ➡ 留存促活 ➡ 销售变现 ➡ 客户管理

业务增长四大模块

大家要做好的是基于这四大模块，形成公司内部一套科学标准化、可快速落地复制的增长打法。

1. 裂变获客能力的增长

裂变获客已经是日益成熟的微信商业生态环境里，任何一家公司都必备的运营能力。作为极为重要的增长环节，**需要充分调动微信全域的流量，以尽可能多的触点去触达用户、获取用户。**

（1）公众号裂变获客

对公司开展业务来说，公众号承载着品牌传播、获取用户的重要使命。目前比较成熟的裂变方法主要有：**转发类裂变、任务式裂变、抽奖类裂变、测试类裂变**。虽然不能再奢望一场裂变活动一天涨粉十几万，但是这几种裂变玩法依然是公众号涨粉获客最有效的方式。

以任务式裂变为例，最早被用于教育行业，通过课程、书籍等裂变奖品快速在家长、学生群体内裂变传播开来，短时间内可以让小的教育品牌快速崛起。细分到考研、考公、考雅思、考证书等培训，渗透到K12教育领域的英语学习、编程STEAM，都有众多涨粉速度极快、招生效果极好的玩家案例。

无论是服务号还是订阅号，在持续输出内容的同时，一定要做裂变涨粉活动。广告媒体号可以放开手脚去做裂变涨粉活动，业务品牌号可有节奏地持续做，哪怕每场活动涨粉小几千，只要保证平均每天涨粉1000左右，将粉丝转化成精准的待消费客户，一定可以极大地带动业务量。

对于公众号运营者来说，要完成今年的涨粉目标，除了通过文章传播、互推涨粉等常规动作之外，更要重点大力加码裂变涨粉活动，将转发类裂变、任务式裂变、抽奖类裂变、测试类裂变等方法组合起来，形成可持续涨粉获客的打法。关于公众号裂变获客的实操方法，可参考以下以任务式裂变涨粉为例的流程图。

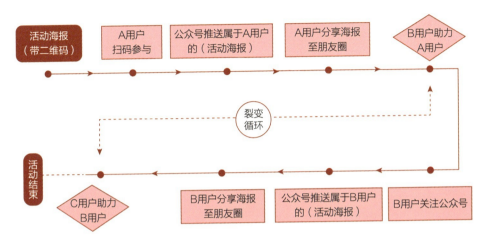

任务式裂变流程图

（2）小程序裂变获客

对公司业务开展来说，小程序承载着获取用户、服务交易的重要使命。小程序裂变拉新的方法可以直接套用公众号涨粉的裂变方式，任务式裂变、测试类裂变、抽奖类裂变、养成游戏类裂变都适用于小程序，只不过是将流量触点更换了，用户增长路径是极为相似的。

过去两年，小程序的运营人员一直对**用户留存**的问题感到头疼，小程序新增用户，无法像公众号粉丝一样形成关注或者订阅关系，无法持续下发消息触达营销。最好的解决方案是通过 formid 实现 7 天的留存期触达激活，导致很多小程序裂变获客速度快，用户流失也快。

幸好微信已经推出一次性订阅消息功能，解决了用户使用小程序后，后续服务环节的通知问题。不限时间地下发一条对应的服务消息，可以实现小程序用户的订阅关系，确保了优质小程序的用户留存，运营者可以放心大胆地做裂变拉新活动。

小程序的裂变除了一般的拉新裂变带来用户新增之外，还可以结合线上分销裂变、拼团裂变达到销售变现的目的。值得留意的是，小程序直播功能会进一步催生商家对小程序裂变获客的重视，尤其值得电商、线上教育行业的朋友关注。

（3）社群裂变获客

社群应该是这几年最为热闹的流量载体了，大部分商家都喜欢让用户进群，通过群裂变的方式源源不断地将用户导入大大小小的学习群、资源群、免费群、付费群。可以说，微信群被大家玩出了花，也令用户十分疲惫。

社群在裂变的过程中，看似很热闹，操盘手和老板也容易被这种热闹蒙蔽双眼，关注了群内用户数，却忘记了社群的共同价值，结果造成几百上千的微信群在手，7天后群内用户活跃度却极低，只能通过红包来唤起用户的现象。

关于社群裂变获客，我有两个思考。一是做付费群、会员群、有门槛的群，不要用大规模洗用户的方式做流量群。通过付费行为裂变社群，持续不断生产付费群应得的群内价值和服务，再通过群内会员用户启动二次裂变。二是将社群用户载体慢慢变成企业微信群，企业微信群有强大的自动化功能、群机器人、群活码、多群管理、群数量统计分析，更有能匹配社群共同价值传递的交付型工具"群直播"。企业微信群的精细化运营带给用户的体验将明显优于普通微信群。企业微信客户管理功能如下图所示。

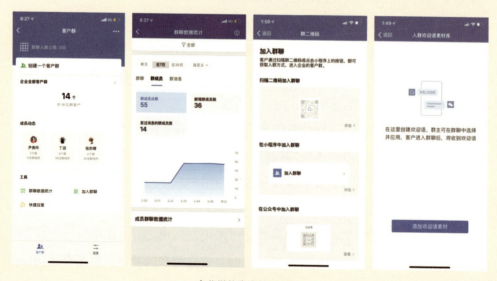

企业微信客户管理功能

（4）个人号裂变获客

对于重点关注个人号获客，我呼吁了 3 年多时间，这一两年行业客户越来越重视这个问题了。

我们可以看到，在个人号用户量上有原始积累的公司，线上业务升级高度灵活，即使是在 2020 年上半年，通过朋友圈营销依然能实现不错的业务增长。比如同程旅游这家公司，在无法卖旅游线路产品的情况下，3000 多名销售人员通过个人号朋友圈推各种生活用品，单日营收破 1 亿元。

现有的个人号获客解决方案是通过公众号裂变、小程序裂变、社群裂变获取用户之后导流个人号。这种方式的确能导入精准的用户，但是若要规模化地获取个人号好友，这个方式还是不够快。

个人号裂变获客有两个可以探索的方向：一是以个人号为流量载体，做转发式裂变活动或者任务式裂变活动；二是结合公众号、小程序、社群，做倒漏斗裂变活动，将流量的过滤源头换成个人号。按照这两个方向，公司可以有两支小团队去分别负责，运营团队持续裂变导流用户，销售客服团队自我裂变获客，分别考核，效果极佳。

从 2020 年开始，个人号这一流量触点可以和企业微信号统一到一起，作为公司的私域客户池，就像做社群裂变一样，微信群和企业微信群共存。尤其是企业微信号的确在裂变获客方面优于微信个人号，也便于后续的用户管理。

2. 留存促活能力的增长

活跃的留存才有意义，有消费的留存才有价值。当我们通过各种创意技法实现了裂变获客的增长后，更为关键的事情来了，新增用户活跃度如何？留存率怎样？如何精细化营销？

（1）建立高质量的内容库

为什么首先要强调的是高质量的内容库呢？因为如果没有优质内容的支

撑,即使是通过裂变活动短期内获取了精准用户,用户抱有期待感开始认识你的品牌,希望更深一步了解品牌背后的产品和服务,一旦没有可匹配用户期待的内容,失望随之而来,流失随之而来。

如何建立高质量的内容库呢?可以从以下四个维度去积累:

①公司介绍:公司背景、投融资信息、对外合作信息、产品动态。
②干货知识:专业技能、方法论、学习手册、公开分享课、资料学习包。
③行业资讯:行业热点、趋势解读、深度分析、政策解读。
④运营活动:创意活动、用户回赠、粉丝活动、新品活动等。

无论是To B还是To C业务,都需要建立高质量的内容库,并且持续通过公众号、小程序、社群、个人号发布推送,让用户对你输出的内容产生兴趣,产生期待感。高质量的内容会不断强化用户对于品牌的认知,抢占用户心智。

(2) 精准标签化促活

对于用户的促活动作,需要我们构建标签化标准流程,针对不同特性的用户推送不同的内容。要给新增的用户打标签,定期修改老用户的标签。现在经常说到大数据精准营销,但不代表没有庞大用户数据就无法做到精准营销。

善用公众号的模板消息、小程序的订阅消息功能,完全可以通过性别、地域、关注时间、渠道来源、用户偏好、消费频次、活跃时间等维度给用户打标签。当把用户进行标签化处理后,不仅能够清晰分析用户画像,还可以通过标签化的组合去做推送,在不打扰非目标用户的情况下,提升每一次推送带来的转化效率。

以公众号为例,当我们想推广北京线下美妆店新品上市活动时,即可针对公众号"北京 + 女性"标签的用户进行定向推送。再以微信个人号为例,个人号上的客户可以标签化分组,无论是群发还是朋友圈营销,都可以指定给标签用户进行曝光。如果觉得给微信个人号打标签的工作麻烦，可以尝试用企业微信的标签功能和群发助手。

（3）形成可迭代的 SOP （标准作业程序）

当建立好高质量的内容库，又形成了标签化精准用户分类，那就要考虑促活的 SOP 了。什么时候推送什么内容最佳？什么样的用户需要高频促活？什么样的用户不可以一直打扰？

盲目地去做促活动作，会造成本应该留存的用户，很有可能白白流失。要建立好一套促活 SOP，以公众号为例，善用客服消息功能，在用户首次关注时，可推送基础的介绍，1 小时内推送热点干货文章，12 小时内推送近期热卖的产品，48 小时内推送一个新的福利型裂变活动。具体内容如下表所示。

公众号粉丝促活 SOP

时间	目的	内容
新关注	认知品牌	打招呼语＋公司产品或服务介绍
关注 1 小时	传递专业价值	行业热点＋干货知识
关注 12 小时	促进用户转化	近期主打热卖产品
关注 48 小时	二次激活产生交互	新的福利型裂变活动

拥有一套公司内部的促活 SOP，既能保持用户活跃度，在合适的时间推送合适的内容，又能快速筛选精准付费用户，为后期缩短销售变现路径提供数据参考。

最为重要的是，促活 SOP 还可以激活用户，让用户参与二次裂变，带来新增用户，跟用户保持高频互动，适用于公众号、小程序、社群、个人号的整体促活。不过，别忘了持续迭代这套 SOP。

3. 销售变现能力的增长

（1）缩短转化路径

不要寄希望于用户主动找到你的微信店铺，主动买你的产品。在微信全域流量池内,"人找货"是大品牌能干的事情,比如我们想买面膜,当用户有品牌认知的时候,大部分用户会搜索"品类+品牌名称",如此搜到的会是你的产品吗?用户找到的又会是你的小程序吗?这种概率非常小。

所以小程序刚上线的时候,市场快速爆发的背后是大家还没有完全想通背后的逻辑,被小程序模板软件服务商一顿忽悠,就上了小程序商城。最后发现,没有用户!没法变现!(同意的点个赞)

那小品牌商家能做的是什么呢?持续不断地建立好品牌私域客户池。通过分销、拼团等变现裂变方法,让客户参与购买,让客户参与传播分享。

微信 H5 形式的店铺也好,或者小程序形态的店铺也好,我们将其看成"收款系统+裂变系统",而不是看成沉淀用户的商城系统。一定要摒弃淘宝式运营思维!

当思维变化的时候,我们的运营重心就不再是天天盯着微信店铺的用户增长,而是去掉这个环节,直接看销售数据的增长。重点关注销售裂变来的新客,做好分享机制、转介绍机制。看每天**私域**客户的店铺触达数、销售人员的微信转化率、总的销售金额。

(2) 善用线上分销

做过线下销售的朋友都知道"转介绍"的威力,尤其是 To B 模式的业务,每一单的销售颗粒度很大,客户是否愿意继续和你合作,又是否愿意介绍朋友跟你合作,很大程度上取决于客户关系。所以我们常说:客户关系是销售的第一生产力。

那么,当业务线上化,在微信生态内进行销售时,不需要销售个人介入时呢?分销是线上销售的大杀器,好比线下销售的"转介绍"。将产品打散甚至组合成具备分销属性的好产品、设置好用户参与分销的分佣机制、匹配整个产品分销售卖过程中的文案话术,每款产品都可以按照爆款的方式去售卖。

(3) 运营销售化

为什么说运营销售化呢?首先希望大家忘记 AARRR 模型,这个由硅谷引进的模型针对App的运营毋庸置疑是科学的,再加上市面上各种教运营的课程都会套用这个模型,导致现在很多公司的运营人员对于这个模型信手拈来,而对于直接变现销售的能力却避之不及。

它已经不适用于在微信生态内的运营。"裂变获客—变现销售—数字化管理"是一个贯穿用户从发现品牌、认知品牌、认可品牌(消费)到分享品牌的全过程。我们应全面拥抱运营销售化,让运营在输出内容、活动等过程中指向销售,甚至用户运营岗全面销售化。

在运营销售化的过程中,负责运营工作的人员可以深入一线,能感知销售转化的过程中被引流的客户是不是精准客户,从而反过来优化他们的获客工作。

4. 客户管理能力的增长

过去一年多一直比较火的词是"私域流量",也许这个词会继续火下去,但我更喜欢"私域留量"。"私域留量"跟"私域流量"虽然是一字之差,但是背后是不同的客户管理逻辑。

(1)要"流量"更要"留量"

如果自己公司具备很好的裂变能力,一定喜欢做些刷屏案例,通过群裂变让用户进群,沾沾自喜地以为获取了不错的"私域流量"。用流量思维运营用户,却少了留量思维服务客户。最终用户疲惫不堪,不会继续跟着你,也不会耐心地了解你的产品和服务并为之付费。

要将从各种渠道、以各种方式获取的用户想方设法留下来,留到个人微信号上或者企业微信号上,并且用心、持续地为他们服务。关注用户留存、用户会话率、用户互动率,比单纯地关注用户量更有意义。

所以,当运营人员在斩获流量后,销售和客服人员要快速、成体系化地传递产品价值、服务能力,让用户真正留下来。从刚开始的发现你,到关注你、认识你。从"流量"到"留量"的转变过程中,运营人员要高度关注用户的动态，负责产品的人员更要观察"留量"用户的反馈、问题和体验。

（2）销售运营化

当我们的客户都沉淀在个人微信号或者企业微信号上时，销售和客服团队日常需要花80%以上的时间去运营、维护微信客户关系。这不再是原有纯粹电话销售或者面谈销售的打法，现在是需要结合运营人员常做的内容输出、活动输出、数据分析等工作，促进客户转化和优化迭代销售打法。

朋友圈的价值输出，是否能够让客户关注到销售和客服人员背后的产品和服务？销售和客服人员的专业形象塑造，又是否可以唤起客户的需求、兴趣、认可？销售和客服人员要标签化分类客户，将客户做好基本的信息备注，定期审查不同标签客户的转化率、客单价、复购率。更要通过朋友圈、标签群发，发布公司的线上价值内容、促销活动，找出最能打动客户的运营动作，通过运营带动销售。

极为重要的是，要像运营人员做数据分析一样精细化，对于客户的新增（拉新）、互动频次（促活）、消费产值（转化）等每个环节的数据都应该要求销售和客服人员记录分析，按日、周、月为单位做复盘。

（3）数据可视化

虽然销售和客服人员按个人判断将客户的数据进行了精细化分析，但从公司的管理角度更希望客户的数据可视化，如单日新增客户量是多少？销售和客服人员的有效会话数是多少？老客户流失率是多少？是否可以直接用数据面板展示，方便管理层做分析判断，这是在微信生态内逐渐拥有客户规模的公司面临的比较头疼的问题。

按原有方式，小规模公司要么完全无意识去做可视化的客户数据管理，要么尝试采用第三方外挂去管控。2019年6月微信大量封杀基于微信协议的第三方外挂CRM管理系统，这种方式基本宣告了终结。那么这个问题到底该如何解决呢？答案是：借助企业微信。

企业微信目前已经推出客户联系人、客户朋友圈、客户群三大利器，只需将客户关系沉淀在销售和客服人员的企业微信上，即可方便管理每个销售和客服人员对应的客户数量、客户服务情况、企业全部客户群数、潜在客户数。

通过客户管理的数据可视化，既能高效率管理客户指向销售转化，又能降低客户资产被离职员工带走的风险，大大提升实现销售目标的确定性和管理销售团队的科学化。

要提醒的是，小微规模的公司在私域客户数不足10万的量级情况下，可以继续使用微信个人号沉淀客户关系，做好日常精细化管理即可。越具备私域客户数规模的公司，越值得使用企业微信，尽早做好客户"留量"、销售运营化、数据可视化的科学化管理。

以上是我对微信生态内业务增长的思考，裂变获客、留存促活、销售变现、客户管理，是微信生态业务增长的四步。通过简单易懂的文字表达方式讲一些大家都知道的道理，但是都知道不代表会执行，会执行不代表能做好，希望对大家有所启发。微信这个大生态让有想法、有创意的人创造价值，更会让持续付出、持续精进的公司和个人获得回报。

把简单的方法做好，就会有不简单的结果；把平凡的事情做好，就会有不平凡的增长！

小裂变创始人　张东晴

目 录

前 言

第1章 裂变获客

调动微信全域流量，
多点触达并获取新用户

1.1 启蒙裂变：裂变的核心是增长思维 …003
1.2 微信生态裂变获客十字诀 …005
1.3 入门裂变：公众号裂变方法剖析 …012
1.4 入门裂变：小程序裂变方法剖析 …022
1.5 入门裂变：社群裂变方法剖析 …026
1.6 入门裂变：个人号裂变方法剖析 …032
1.7 入门裂变：企业微信裂变方法剖析 …036
1.8 公众号裂变经典案例复盘拆解 …041

第2章 留存促活

活跃的留存才有意义，
有消费的留存才有价值

2.1 公众号用户分类与两大精准营销方法 …061
2.2 小程序拉新设置与三大留存促活方法 …068
2.3 微信群聊快速引爆的三大运营方法 …072
2.4 微信个人号精细化管理与运营指南 …076

第 3 章　销售变现

善用线上分销工具，
拥抱运营销售化大趋势

- 3.1　善用分销：利益刺激，刷爆朋友圈　...084
- 3.2　特惠拼团：老带新机制，活动收益翻倍　...098
- 3.3　直播变现：直播平台选择与通用话术技巧　...102
- 3.4　分销裂变经典案例复盘拆解　...112

第 4 章　客户管理

从"私域流量"到
"私域留量"，科学
管理存量客户

- 4.1　原微信客户管理状况与弊端　...119
- 4.2　最新发布：企业微信核心版操作手册　...121
- 4.3　企业微信客户管理实操指南　...133

第 5 章　实操案例

真实裂变增长案例，
助你多增长少踩坑

- 5.1　公众号裂变涨粉案例二十则　...153
- 5.2　小程序裂变引流案例三则　...172
- 5.3　分销裂变案例八则　...175
- 5.4　拼团裂变案例三则　...182

附　录

- 附录 A　裂变活动设置技巧与操作指南　...186
- 附录 B　公众号裂变活动策划方案　...189
- 附录 C　分销裂变活动策划方案　...196

第 1 章

裂变获客

调动微信全域流量，
多点触达并获取新用户

对活动运营、用户增长等有所了解的各位老手，对"裂变"这个词一定耳熟能详。在流量红利逐渐消失，企业获取流量的成本越来越高的情况下，研究裂变增长方法更是显得尤为重要。

有人通过裂变方法涨粉数百万，短短几个月做成头部大号；有人在一年的时间里，钻研个人号用户增长，团队微信好友数裂变到百万，销售额翻十倍。可见，新时期私域流量的打造，绝对离不开裂变。

这种低成本、高效率、指数级的黑客增长方法吸引了很多创业者、运营人，有刷爆了朋友圈的网易课、各种大咖群活动，也有异常简单粗暴的免费送活动。这些方法的背后都是用裂变思维在做运营活动，数据也一次又一次验证了裂变方法的高效性。

市面上有哪些可复用的裂变方法？裂变获客应该怎么做更高效？新时期又有哪些新套路？相信这些都是你迫切想要了解的内容。

阅读本章，你将学到以下内容：

1.1 启蒙裂变：裂变的核心是增长思维
1.2 微信生态裂变获客十字诀
1.3 入门裂变：公众号裂变方法剖析
1.4 入门裂变：小程序裂变方法剖析
1.5 入门裂变：社群裂变方法剖析
1.6 入门裂变：个人号裂变方法剖析
1.7 入门裂变：企业微信裂变方法剖析
1.8 公众号裂变经典案例复盘拆解

在本章将详细梳理各类裂变活动的实操流程演示、活动策划方案和真实案例复盘，让你看得懂，学得会，能落地实操。

1.1
启蒙裂变：裂变的核心是增长思维

裂变并不是个新鲜事物，PC 互联网、移动互联网时代都一直存在。

"用户裂变增长"可以说是最近几年很火的概念了，我们也见证了有的人通过裂变方法涨粉数百万，短短几个月做成头部大号；更有企业用短短一年时间，团队微信好友数裂变到百万，销售额翻了十倍。

这种暴力的黑客增长方法吸引了很多创业者、运营人，有刷爆了朋友圈的网易课，也有令人趋之若鹜的各种大咖群活动，更有异常简单粗暴的免费送活动。这些方法的背后都是用裂变思维做运营活动，的确是非常有效的获客方式。

首先，给大家分享几个 PC 互联网和移动互联网时代的典型裂变拉新案例：

1. PC 互联网的经典案例：Hotmail 裂变增长

"亲爱的，赶紧来 Hotmail 申请你的免费邮箱吧！"

在 Hotmail 早期，创始人为如何获得用户大伤脑筋。最终他们想到了一个巧妙的办法，在 Hotmail 用户发出的每一封电子邮件末尾签名处，都加上一行附言："亲爱的，赶紧来 Hotmail 申请你的免费邮箱吧！"几个小时之后，用户数量就开始出现爆发增长，最终在 3 周内收获了 30 万用户，成功地成为互联网早期最知名的邮件服务提供商。

2. 移动互联网的经典案例：支付宝红包

支付宝是玩裂变增长的高手，早在 2016 年的时候就通过集五福游戏成功号召全国人民在春节集福领红包。随后几年里，我们也可以看到，这种形式被支付宝反复用、组合用。比如瓜分 15 亿元活动，号召用户线下消费、好友互扫领红包。只要你扫描好友红包二维码，你的好友会随机得到一个红包，你也会由此获得红包奖励，将利己和利他并用的方法做到了极致。

微信作为一个 12 亿月活的大生态环境，已然成为裂变方法生根发芽的一大独立平台。用户在哪里，企业的工作重心、运营人的工作重心就应该在哪里。

微信生态中，公众号、个人号（朋友圈）、社群、小程序，是最能够触达用户的，我们称之为流量触点。从这四大流量触点低成本、高效率地获取用户、裂变用户、留存用户、转化用户入手，可以在增长圈衍生出很多奇巧的裂变方法。

基于微信生态，微信读书将裂变方法融入进来，通过鼓励用户分享读书卡片，领取免费阅读无限卡，进行裂变拉新。

裂变最简单的逻辑就是，通过设置一定的诱人福利和机制，吸引用户关注该平台。而一场现象级的裂变，它从策划前到完结复盘后的每一个细节都是精心设置的，它的裂变速度、深度、广度、成本以及最后结果往往是惊人的。

其实微信中的很多活动都是借助裂变手段，利用用户之间的社交关系链进行传播、拉新、促活。只不过随着微信的进化过程，裂变在逐渐形成的微信生态内被大放异彩！

因为社交关系链的存在，提供了裂变的绝佳土壤；因为微信商业闭环的形成，提供了裂变的强大动力。

总结一下，从表现上讲，一切可以引导用户传播分享的运营行为，都称之为裂变；而从结果上讲，一切可以低成本、高效率、指数级获取用户增长的方式，都称之为裂变。

纵观互联网行业的企业与个人，企业的一切问题的根源都是增长出了问题，而个人的一切痛苦其本质都是来源于没有增长，通过裂变能找到可持续的增长引擎。

裂变是品牌广告投放的放大器，投放＋裂变＝低获客成本＋增量用户。

对于创业者来说，裂变获客可以降低成本、提升竞争力；对于操盘手来说，做裂变可以拥有越来越值钱的裂变增长能力。

通过裂变，可产生看得见的和看不见的两种效益，我们称之为显性效益和隐性效益。显性效益是指能够看到明显的用户增长和业务业绩的增长，而隐性效益的背后则是品牌的传播和增长引擎的搭建。

学习裂变获客的核心，其实就是学习增长思维。

1.2 微信生态裂变获客十字诀

裂变获客十字诀，是小裂变团队在实操数千个裂变拉新活动后，结合用户的心理活动和活动方法得出的方法论总结。这则裂变获客十字诀，几乎在所有微信生态内的拉新活动中都能找到相对应的点,它是裂变增长必备的心法,也是裂变增长经验的宝贵沉淀。

裂变获客十字诀:帮、砍、拼、集、比、邀、炫、送、抢、赚

我们一起来看每一则口诀对应的具体拉新案例,从而帮助你更好地去掌握裂变心法。

1. 任务式裂变:帮、砍、拼、集——发挥人与人交互的属性

(1)帮

助人为乐是我国的传统美德,互相帮助乃人之常情。利用微信的社交关系链帮助他人,互帮共赢,是人们加强社交关系、沟通感情的绝佳方式。在请求他人帮助的同时,也能给予对方一个福利或者回报,这样的利他思维,在裂变活动中应用起来尤其有效。

活动案例:0元读书包邮送(案例如图1-1所示)

活动采取任务式方法,用户转发专属海报,请朋友帮忙扫码助力。在好友助力之后,好友也将收到公众号推送的活动规则与专属海报,可一起参与免费领取活动。

图1-1 活动海报

(2)砍

微信生态内非常常见的一个场景是:你帮我砍一刀,减价得优惠。"砍"这个动作具有很强的利益驱动,在裂变过程中容易让用户产生快感。最初在拼多多等电商购物平台流行,现在"砍一刀"的方法被运用到了更多行业的

营销活动中去。

活动案例一：砍价得购票红包（案例如图 1-2a 所示）

这是一个出行票务类的小程序，邀请好友砍价达成特定条件，即可获得相应的出行红包。

活动案例二：砍价得购房红包（案例如图 1-2b 所示）

这是一个房地产企业的砍价活动，以公众号为载体，每邀请一位新朋友关注，即可砍价若干元，上限为 10 万元，砍价额度十分诱人。

a)　　　　　　　　　　　b)

图 1-2　活动海报

（3）拼

拼单的拼，拼多多的拼，向用户传递的信号是：因为在一起拼单、拼团，可以共同获利。这属于利己又利他的行为，有群体性价值，拼单会获利得优惠。起初，电商行业的裂变活动善用拼团方法，现在拼团、拼单等已经渗透到各行各业，常见的有餐饮店团购价、奶茶外卖的拼单购买。

活动案例：团购游泳课活动（案例如图 1-3 所示）

原价为 1104 元的游泳课程，三人团购价为 299 元，巧妙运用拼团方法，提高单场活动成交量，也达到了拉新的效果。

（4）集

集五福、集英雄卡、集赞，这种带有趣味色彩的活动，刺激用户为完成集合目标而去做出分享、购买、互换等社交行为，利用的是用户的好胜心和强迫症心理。

活动案例：支付宝集五福活动（案例如图1-4所示）

这是支付宝近年来发起的集五福活动，将"集"的方法与传统节日、故事IP结合，能够起到较好的传播效果。

图1-3　活动海报　　　　图1-4　活动海报

2. 游戏类裂变：比、邀、炫——发挥个体爱玩的属性

（1）比

此种方法巧妙利用了一些人的攀比心理，将"比"应用在活动排行榜中，设定排名领取大奖的机制，引导用户参与排行榜比拼，不断去做分享。

活动案例：排行榜前五名免费得套餐（案例如图1-5所示）

此活动为餐饮店所做的裂变拉新活动，排行榜前五名可以免费到店就餐，极大地激发了用户的参与积极性。

(2) 邀

通过"邀请"将用户的地位抬高,让用户感到被重视,从而产生荣耀感,内心得到满足。裂变活动中应用比较多的是"邀请函",通过有仪式感的邀请形式,促进用户自主转发分享。

活动案例:讲座活动邀请函(案例如图 1-6 所示)

a) b)

图 1-5 活动海报　　　　　图 1-6 活动海报

这是东亚联合书院发起的一次讲座邀请,支付 9.9 元可申请参加讲座,邀请函体现了活动的正规性及活动名额的稀缺性。

(3) 炫

一些用户的炫耀心理经常在测试型裂变活动中被运用。给用户超出心理预期的内容展示,让内容帮助用户"说话",展现希望他人看到的自己形象,丰富用户朋友圈人设。

活动案例:水果属性测试(案例如图 1-7 所示)

通过有趣、好玩的属性测试，给予用户积极正面的测试描述，激励用户转发分享，"炫"出自己的性格特色。

3. 利益类裂变：送、抢、赚——基于人渴求物质的属性

（1）送

"送"代表着免费、无需花钱，比较通用的裂变活动形式为包邮免费送奖品。这是最直接、简单、杀伤力巨大的裂变方法。

活动案例： 文具包邮免费送（案例如图1-8所示）

图1-7 活动海报

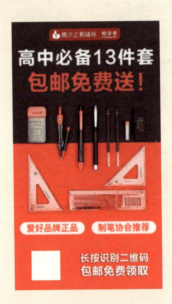

图1-8 活动海报

这是腾讯企鹅辅导发起的一次包邮免费送文具活动，活动海报简单明了，直接引导用户扫码参与领取。在开学季推出这样的拉新活动，效果非常好。

（2）抢

"抢"常结合红包方法或奖品价值高的活动。适用于抢红包、瓜分奖品，

给用户一种奖品炙手可热的感觉。充分营造活动的紧张刺激感,刺激用户抓紧时间参与活动。

活动案例:瓜分百万理财红包(案例如图 1-9 所示)

这是一个理财行业的裂变拉新活动,将理财训练营、实物奖品相结合,活动的拉新效果非常棒。

(3)赚

一个"赚"字将利他主义发挥到极致。常见于分销裂变活动中,借助佣金分红刺激用户持续裂变,让用户参与活动时边分享边赚钱,给用户谋利。

活动案例:抖音赚钱卖货课程(案例如图 1-10 所示)

此活动为付费课程,但强调的是用户学习课程后的收获与收入,"3 天赚 5 万"能吸引用户报名,学习如何赚钱。

图 1-9 活动海报　　图 1-10 活动海报

将裂变获客十字诀牢记于心,配合高效的裂变工具,从公众号、小程序、个人号和社群四大微信生态流量触点出发,最终达到令人惊艳的增长效果。

裂变获客十字诀是裂变增长过程中的核心，尽管微信生态内裂变形式层出不穷，但是变的是形式，不变的是人性。

1.3
入门裂变：公众号裂变方法剖析

1. 定义

基于公众号设定一个"福利"，用户邀请好友扫描自己的专属二维码，关注公众号即可获得助力，达到指定的助力人数后，即可领取福利。

2. 配套工具

(1) 裂变任务宝

① 任务式裂变

任务式裂变的逻辑如图1-11所示。

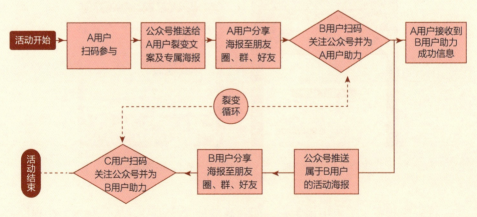

图1-11　任务式裂变的逻辑图

裂变实操步骤如下：

- 用户收到活动海报
- 用户扫码参与活动获取活动规则文案和专属活动海报
- 用户转发专属的海报，邀请好友扫码，为自己助力
- 成功邀请指定数量的好友为自己扫码助力，公众号推送对应福利或奖品领取方式

裂变实操的流程如图 1-12 所示。

图 1-12 裂变实操的流程图

② 任务宝经典裂变方法

• 一级裂变任务

用户只需要完成指定的一项邀请好友的任务即可获得该项任务所对应的奖品。用户获取一级任务奖品后，该用户的裂变任务完成并结束。

例如：邀请好友数量≥9 人时，即可获得小裂变精选海报 100 张合集。

• 二级裂变任务

用户在完成一级裂变任务的基础上，还可继续邀请更多的好友为他助力，冲击二级裂变任务对应的奖励。用户获取二级任务奖品后，该用户裂变任务完成并结束。

例如：邀请好友数量≥9人时，即可获得小裂变精选海报100张合集；邀请好友数量≥19人时，还可获得小裂变内部私密裂变活动全套解析策划方案。

- 三级裂变任务

用户在完成一级、二级裂变任务的基础上，还可继续邀请更多的好友为他助力，冲击三级裂变任务对应的奖励。用户获取三级裂变任务奖品后，该用户裂变任务完成并结束。

例如：邀请好友数量≥9人时，即可获得小裂变精选海报100张合集；邀请好友数量≥19人时，可获得小裂变内部私密裂变活动全套解析策划方案；邀请好友数量≥39人时，还可获得小裂变任务宝15天使用权。

- 排行榜裂变

用户在规定任务时间内可无限制邀请好友助力，邀请好友数量越多，排名越靠前，排名靠前的用户可在活动结束后获取对应排名的奖励。

例如：活动时间为1月1日至1月5日，邀请好友数量≥29人且排名在前三名的客户可获得裂变实操资料一份（包邮）。

- 一级、二级裂变+排行榜

在规定时间内，用户在完成一级、二级裂变任务的基础上，还可邀请更多好友助力，争夺更高的排行榜排名，以获取更高级别的排行榜奖励。

例如：活动时间为1月1日至1月5日，邀请好友数量≥9人时，即可获得小裂变精选海报100张合集；邀请好友数量≥19人时，还可获得小裂变内部私密裂变活动全套解析策划方案；邀请好友数量≥29人且活动结束时，排名前三者可获得裂变实操资料一份（包邮）。

- 阶梯+抽奖

用户在参与裂变活动时，完成规定的邀请任务后即可获取抽奖资格，参与大转盘抽奖（小裂变系统后台自带抽奖系统）。

例如：邀请3位好友助力即可参与200元京东卡的抽奖活动。

- 阶梯+导流个人号

用户在参与裂变活动时，公众号引导用户添加个人客服号获取活动规则或额外福利，用户在完成任务后添加个人客服号进行奖品兑换。

例如：请添加客服微信××获取奖品领取方式，完成任务后请添加客服微信××进行奖品兑换。

- 阶梯+导流社群

用户在完成指定邀请好友的裂变任务后，即获得进入优质社群的资格，在有效利用流量的同时，沉淀更多的用户到社群内。

例如：邀请好友数量≥9人时，即可加入小裂变用户裂变增长经验交流群，每日分享零成本获客10万人的案例。

（2）分享宝

① 分享宝裂变

分享宝裂变的逻辑如图1-13所示。

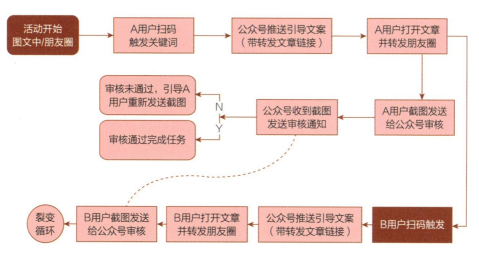

图1-13 分享宝裂变的逻辑图

裂变实操步骤如下：

- 用户看到活动海报，扫码进入公众号，获得活动规则文案和专属海报

- 根据公众号提示，转发分享专属海报和指定内容至朋友圈
- 截图发回公众号，等待自动审核
- 审核成功，获得奖品领取方式

分享宝的裂变实操步骤流程如图 1-14 所示。

图 1-14 分享宝的裂变实操流程图

② 分享宝经典裂变方法

- 转发文案+海报

可设置指定分享文案和海报弹出，用户扫码进入公众号后，必须转发指定分享文案和专属海报，截图才能审核通过。

- 转发文案+文章链接

可以关闭海报弹出设置，在弹出的活动规则中，指定分享文案和链接，引导用户转发，可提高文章的曝光量。

（3）节日签

① 节日签裂变

节日签裂变的逻辑是：用户通过扫描好友的海报二维码，关注公众号即可获取自己的专属节日签。

裂变实操步骤如下：

- 用户看到别人的节日签
- 用户扫码后，关注公众号，获得对应活动文案
- 用户点击文案中的文字链
- 点击"立即查看"，随机获取节日签
- 用户产生分享动作，持续裂变曝光

节日签的裂变实操步骤如图 1-15 所示。

图 1-15　节日签的裂变实操流程图

② 节日签经典裂变主题

- 通用主题

预测未来、总结过去、桃花运、脱单、节日型、星座类、智商、情商等。

- 热点性主题

测试你是《庆余年》中的谁？

（4）抽奖宝

抽奖宝裂变的逻辑是：用户扫码进入公众号后，获得活动文案和专属海报，转发海报，邀请好友为自己扫码助力，即可获得抽奖次数。

裂变实操步骤如下：

- 用户看到活动海报
- 扫码进入公众号,获得活动规则文案和专属海报
- 转发活动海报,邀请好友扫码助力成功,公众号推送抽奖机会
- 用户点击文字链接,进入参与抽奖
- 抽中奖品后,弹出奖品领取方式

抽奖宝的裂变实操步骤如图1-16所示。

图1-16 抽奖宝的裂变实操流程图

3. 公众号裂变的四大关键点

公众号裂变的四大关键点可以用一张图说明,如图1-17所示。

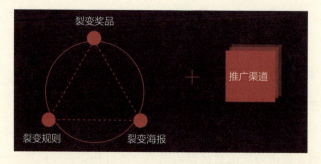

图1-17 公众号裂变的四大关键点

（1）裂变奖品

裂变活动的本质是老带新、新拉新。

如何让新老用户主动帮你分享、拉新，裂变活动的奖品选择尤其重要。

经常有用户说，我不知道怎么选奖品，没有思路。

在此给大家推荐两个选择奖品的方法：

① 围绕目标用户需求或潜在需求选择奖品

如母婴行业的目标用户是宝妈群体，围绕宝妈群体在家庭生活、亲子教育方面的需求，可赠送相关的婴幼儿产品、书籍等。

② 围绕行业特性进行奖品选择

目标用户群的潜在需求是多样化的，如果能将目标用户的需求与自身的业务或服务相结合来拉新，新增用户质量将会更加优质。

如线下教培机构赠送课程优惠券、试卷、书籍；品牌号可以赠送相关产品体验、周边衍生产品。

从用户群体需求、自身业务产品两方面出发，可以保证用户群体不脱离行业范围，实现高留存、高转化。

梳理完活动选择奖品的方法，继续来看奖品的类型。

我们从奖品的价值层面将裂变活动的奖品分成三类：

① 实体奖品

实体奖品即看得见摸得着的、实实在在的物质奖品。如书籍、生活日用品、美妆护肤产品。这类奖品的价值相对来说比较高，对目标用户的吸引力也更大。实体奖品涉及邮寄，可引导用户在线上商城下单，或使用裂变系统内自带的表单，收集完成任务的用户信息，统一发货。

② 卡券奖品

卡券奖品是指具有一定价值，可直接线上进行兑换的奖品，如京东 E

卡、话费充值卡等。这类奖品的价值相对较高，无发货成本，用户认可度高。

③ 虚拟奖品

线上课程、网盘资料等都属于虚拟奖品，这类奖品的吸引力相对实体奖品和卡券奖品来说较低，需要着力做好资料的包装介绍，提高用户的价值预判。

（2）裂变规则

裂变规则是指：用户需要邀请"多少"位朋友参与活动，就能获取奖品。其中公众号裂变指的是邀请关注公众号的用户数量，小程序裂变指的是邀请"授权"到小程序的用户数量。

裂变活动的规则制定需要从奖品的价值上进行考量，奖品的价值应当与用户参与活动付出的成本（拉新人数）相当。

以教育行业为例，学而思、新东方、VIPkid 等公众号都曾推出送电子资料的活动，助力人数的规则一般定在 3～5 人。即作为公众号粉丝，想要获取资料，需分享自己的专属活动海报，再邀请几位家长朋友关注公众号。

活动规则设置需从用户角度出发，充分考虑用户参与的成本因素。

- 人力成本：用户完成任务需要寻找的助力好友数量
- 时间成本：用户关注这个活动所需要付出的总时间，如在做含人气排行榜的活动时，需要考虑排行榜活动的截止时间
- 操作成本：用户在参与活动中产生点击、跳转或者填写信息等行为的操作难度

举个例子，对于优惠券和电子资料类奖品，若用户所需要付出的人力成

本过高，与用户完成任务后获得的奖品价值不等，则会影响用户参与活动的积极性。

总的来说，一个好的活动规则，会让用户觉得奖品的价值远大于参与活动付出的成本。

（3）裂变海报

裂变海报作为裂变活动中最重要的一环，起到承载活动的核心作用。

一张好的裂变海报，可以从以下角度做设计：

- 用户身份，一张海报给予用户身份的定位，会给到用户专属感和信任感。添加一些邀请式的文案可以增加与用户之间的互动，从而促成转化

- 海报主题，好的主题可以让用户直接点开海报查看其他内容，击中用户痛点，引发用户共鸣，激发用户直接参与活动

- 奖品描述，突出产品卖点、优势等，让用户能够感受到参与活动能够享受的福利。数字、字体大小的对比能增强海报的视觉冲击

- 紧迫感，时间的限制和奖品数量的限制可以有效激发用户参与活动的积极性

- 奖品价值，突出奖品的价值，原价×元等，可以直接刺激用户参与活动

- 品牌背书，课程类海报可以使用课程老师的形象，体现活动的真实性，使用户产生信任感

- 活动参与方式，在海报上体现出来，可以提醒用户如何参与活动（长按扫码参与等）

- 海报风格，海报简洁大气即可，无需过多复杂的且与活动无关的元素

- 海报字体，突出重点，分清主次

- 奖品陈列，在海报上清晰整齐地罗列奖品可以刺激用户视觉，激励用

户参与

(4) 推广渠道

活动推广渠道可分为自有渠道和外部渠道两种类型。

自有渠道：以原公众号粉丝或社群用户为基础进行裂变，种子用户将活动海报分享给下级用户（二级用户），二级用户分享给三级用户，不断传播。

外部渠道：外部公众号推文、社群推广、个人号朋友圈、广点通等。

选择投放渠道时，应优先选择和自己行业相关的渠道，若本行业用户群体范围过小，则可以根据本行业用户群体属性来选择渠道。

举个例子，某公众号做的是玩具画板方向，在选择渠道投放或流量置换时，就可以扩大范围，选择 K12、母婴用品的渠道。

而考研教育类的公众号，因为行业内竞争相对激烈，则可以找与大学生相关的公众号进行投放。

1.4
入门裂变：小程序裂变方法剖析

1. 定义

在小程序设置"福利"，通过分享在小程序生成的海报或小程序卡片，邀请好友进入小程序为自己助力，达成规定的助力条件后，即可领取福利。

2. 配套工具小程序

（1）小程序裂变

小程序裂变的逻辑如图 1-18 所示。

图 1-18　小程序裂变的逻辑图

裂变实操步骤如下：

- 用户看到别人分享的活动海报或小程序卡片，扫码或点击进入小程序
- 用户在小程序生成自己的专属海报或小程序卡片，分享在朋友圈或微信群，邀请好友助力
- 好友助力数量达到指定条件，系统自动推送福利领取方式

小程序裂变流程如图 1-19 所示。

图 1-19　小程序的裂变实操流程图

（2）小程序裂变经典方法

① 裂变任务

用户只需要完成指定的一项邀请好友的任务，即可获得该项任务所对应的奖品。用户完成任务后，自动推送服务通知，通知用户领取奖品。

例如：邀请好友数量≥3人时，即可获得小裂变精选海报100张合集。

② 排行榜裂变

用户在规定任务时间内可无限制邀请好友助力，邀请好友数量越多，排名越靠前。排名靠前的用户可在活动结束后获取对应排名的奖励。

例如：活动时间为1月1日至1月5日，邀请好友数量≥29人且排名在前三名的客户可获得裂变实操资料一份（包邮）。

③ 裂变+排行榜

用户在规定任务时间内并在完成裂变任务的基础上，还可邀请更多好友助力，争夺更高的排行榜排名，以获取更高级别的排行榜奖励。

例如：活动时间为1月1日至1月5日，邀请好友数量≥9人时，即可获得小裂变精选海报100张合集；邀请好友数量≥29人且活动结束时，排名前三者可获得裂变实操资料一份（包邮）。

④ 裂变+公众号导流

用户在参与小程序裂变活动过程中，完成任务后收到领奖的服务通知，引导用户关注公众号后进行奖品兑换。

例如：恭喜你完成任务，请扫码关注公众号：小裂变，回复"海报"获取对应奖品。

⑤ 裂变+个人号导流

用户在参与小程序裂变活动过程中，完成任务后收到领奖的服务通知，引导用户添加个人客服号后进行奖品兑换。

例如：恭喜你完成任务，请添加增长顾问微信（xiaoliebian007）进行奖品兑换。

⑥ 裂变 + 社群导流

用户在完成指定邀请好友的裂变任务后，即获得进入某行业高端社群的资格，在有效利用流量的同时，沉淀更多的用户到社群。

例如：邀请好友数量≥9 人时，即可加入小裂变用户裂变增长经验交流群，每日分享 0 成本获客 10 万人的案例。

⑦ 裂变 + 抽奖

用户在参与小程序裂变活动过程中，完成任务后收到领奖的服务通知，服务通知中下发抽奖小程序码（借助第三方抽奖工具）。

例如：恭喜你邀请 2 位好友助力，请扫描下方小程序码，加入抽奖。

⑧ 裂变 + 第三方平台导流

用户在完成指定的邀请好友的裂变任务后，可至第三方平台领取奖励，如进入 App 领奖。

例如：恭喜你成功邀请 15 位好友助力，立即下载××App，立享 50 元无门槛红包！

3. 裂变活动四大关键点

小程序裂变活动的设定规范可参考公众号裂变方法的四大关键点。

（1）奖品

根据行业特性和目标用户需求进行奖品选择，虚拟或实物奖品皆可。

（2）活动规则

从用户的角度出发，考虑用户的人力、时间、操作成本，制定合适的活动规则。

（3）活动海报

海报基本参考公众号裂变中的设计要素。

（4）推广渠道

关于渠道的选择，可从行业相关的角度出发，也可以从目标用户群体属性的需求角度出发。

1.5
入门裂变：社群裂变方法剖析

1. 定义

基于社群设置一个"群福利"，用户进群后需再次分享社群二维码或完成其他任务，方可领取福利。

2. 配套工具

（1）社群活码

示例：小学电子课本免费领取活动，家长扫码进群后需分享海报至朋友圈，截图发回社群，审核通过后方可领取。

（2）社群裂变的实操流程

裂变实操步骤如下：

- 用户获取含有社群活码的海报图
- 用户扫码进入活码中间页面
- 用户再次扫描中间页面上的二维码
- 用户进入社群

社群裂变的实操步骤如图 1-20 所示。

图 1-20 社群裂变的实操流程图

（3）社群裂变经典方法

① 截图验证式

用户裂变的增长路径是：进入社群──→接收规则文案与海报，按提示分享海报──→截图发回群内（或加个人号）──→领取奖励。

流程分析：基于此流程，用户既可以沉淀在社群，又可以导流至个人号进行二次验证。基于朋友圈的分享引流，用户精准度高，后续可进行长期的维护与转化。

截图验证式裂变流程如 1-21 所示。

图 1-21 截图验证式裂变流程图

② 任务邀请式

用户裂变的增长路径是：进入社群——→接收规则文案与海报——→邀请若干新用户进群——→完成邀请任务——→领取奖励。

流程分析：基于社群做任务式的邀请，具有一定的趣味性，但被邀请用户对社群价值不一定有需求，对用户的干扰较大。

（4）社群裂变准备工作
① 设置入群奖励

如进群可听课、领取资料、获取优惠等，该奖励需是目标用户感兴趣、有需求、有价值的，以虚拟产品为宜。

② 设置领取规则

明确用户进群后，领取奖励的三种方式。

- 方式一：进群即可领取
- 方式二：进群后分享社群海报至朋友圈或微信群，截图发回群内领取
- 方式三：进群后邀请若干新用户进群，完成邀请任务后领取

③ 设置奖励发放形式

用户完成分享或拉新动作后，领取对应奖励的三种方式。

- 方式一：直接发放
- 方式二：添加个人号领取
- 方式三：进入正式群领取

④ 制作分享传播海报

如采取领取规则方式二进行社群裂变活动，需制作一张用于分享传播的海报。

⑤ 准备相关工具

社群裂变必备工具为社群活码工具，如您有社群裂变相关需求，可联系

小裂变增长顾问开通小裂变社群活码系统体验。

3. 如何基于企业微信开展一场社群裂变活动

（1） 企业微信群须知

企业微信群分为外部群和内部群。内部群指的是群成员均为企业内部成员的群，人数上限为2000人。如果是企业微信用户创建的含有普通微信用户的群聊，人数上限为200人。

- 外部群在企业微信对话页面会展示"外部"标志
- 外部群在普通微信用户对话页面会显示企业微信的标志
- 内部群仅企业微信用户可进入，通过内部群的二维码，普通微信用户扫码后提示申请加入企业，无法直接入群
- 当前如使用企业微信做群裂变活动，创建群聊时务必添加"普通微信用户"为初始群成员，使得群为"外部群"
- 目前只有企业微信"外部群"可设置入群欢迎语，内部群可配置机器人。

（2） 企业微信群自动回复设置

①配置流程

- 仅在外部群可配置
- 仅群主可设置欢迎语
- 支持两条回复（文字+图片/网页/小程序），其中小程序的推送需企业管理员配置

具体页面设置可见图1-22。

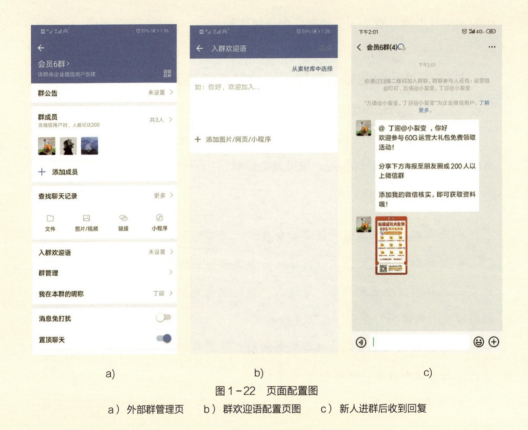

　　　　a）　　　　　　　　　b）　　　　　　　　　c）

图 1-22　页面配置图

a）外部群管理页　b）群欢迎语配置页图　c）新人进群后收到回复

②总结

- 基于企业微信自带入群欢迎语，可配置引导分享文案与带群二维码的海报，可实现企业微信群的循环引流，通过添加企业微信验证，可以实现企业微信个人号的引流
- 由于企业微信无法看到普通微信用户的朋友圈，故不能做到精准验证
- 群欢迎语有时推送较慢或不推送

(3) 企业微信群活码配置

企业微信已经可实现单个群的循环引流，如分享物料上放置的二维码为群活码，则可以实现多个群的循环、不间断引流，且二维码长期有效，不受单个企业微信群二维码的 7 天有效期限制。

①群活码配置

- 企业微信内,点击"工作台"中的"客户群"
- 点击页面底部的"加入群聊"
- 选择"扫描二维码加入群聊",点击右下角的"体验"
- 选择活码下对应的群(最多可选择 5 个),可新建群,也可选择已有群
- 点击"发送到微信体验",即可将群活码发送到微信群或好友

详细配置步骤见图 1-23。

图 1-23 详细配置的五个步骤

②群活码使用

将群活码放置在分享海报中,即可使用该海报作为群欢迎语中的转发分享图片。

用户扫码后会随机跳转至活码下的任意一个群聊。

③注意事项

- 企业微信群活码有群成员去重功能,一个微信用户多次扫群活码始终跳转同一个群

- 一个群活码下最多可选择 5 个群，为尽量扩大进群人数、使用群欢迎语功能，建议选择 5 个外部群
- 企业微信群活码长期有效，但因为外部群扫码进群上限为 200 人，活动中需要留意群人数的情况

社群裂变是社群拉新的方式之一。基于社群裂变的拉新用户，同样需要做精细化的运营与营销转化，详见后文讲述。

1.6
入门裂变：个人号裂变方法剖析

1. 定义

基于微信个人号设置一个"福利"，用户添加个人号后需完成特定任务，方可领取奖励。

2. 配套工具

（1）个人号活码

可实现多号平均引流，避免单一微信号添加好友过多。

示例：小学电子课本免费领取活动，家长扫码添加课程老师后，需分享海报至朋友圈，截图发回课程老师，审核通过后方可领取。

（2）个人号裂变的实操流程

裂变实操步骤如下：

- 用户获取含有个人号活码的海报图
- 用户扫描活码进入中间页面
- 添加个人号

个人号裂变的实操步骤如图1-24所示。

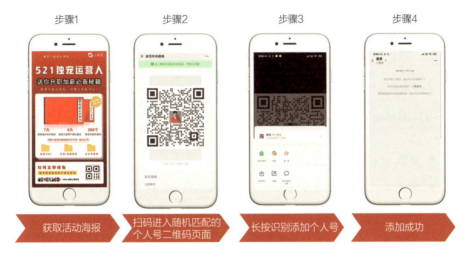

图1-24 个人号裂变的实操流程图

（3）个人号裂变经典方法

①转发式

用户裂变的增长路径是：添加好友—接收规则文案与海报，按提示分享海报—截图发回个人号—领取奖励。

流程分析：用户在领取"福利"的同时，也基于朋友圈做了进一步的传播分享，可给个人号实现循环导流。在奖品选择方面，一般建议选择虚拟产品。

②任务式

用户裂变的增长路径是：添加好友—接收规则文案—再邀请若干好友添加此个人号（手动统计或自动统计）—完成邀请任务，领取奖励。

流程分析：用户在领取奖励的同时，也为个人号邀请添加了若干数量的新好友，可大幅度降低个人号引流的成本。在奖品选择方面，可选实体产品或虚拟产品。

（4）个人号裂变准备工作

①设置添加好友"福利"

如进群可听课、领取资料、获取优惠等，该奖励需是目标用户感兴趣、有需求、有价值的，以虚拟产品为宜。

②设置领取规则

用户添加个人后，领取奖励的三种方式。

- 方式一：添加即可领取
- 方式二：添加后分享含个人号活码的海报至朋友圈或微信群，截图发回个人号领取
- 方式三：添加后邀请若干新用户添加好友，完成邀请任务后领取

③设置奖励发放形式

用户完成分享或拉新动作后，领取对应奖励的三种方式。

- 方式一：直接发放，如电子资料
- 方式二：导流进入其他页面领取，如发放注册链接或兑换码

④制作分享传播海报

如采取领取规则方式一进行个人号裂变活动，需制作一张用于分享传播的海报。

⑤准备相关工具

个人微信号单日添加好友过多将导致封号风险，故需纳入个人号活码，实现多个微信号的平均导流，规避风险。

3. 配套工具

个人号裂变方法，其实起源于微商时代。

"亲爱的，推荐几位朋友加我，备注××推荐，就可以领取小礼物。"

与传统的地推方式相比较，线上推荐更加快捷，单个获客成本也完全可控，奖品选择也更加丰富，且有朋友的"成功领取"信任背书，非常容易在线上产生快速的裂变。

常见的微商加人模式如图1-25所示。

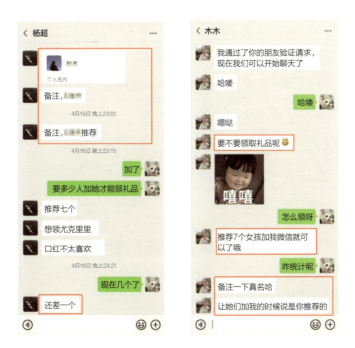

图1-25 微商加人模式

需要注意的是，转发分享、任务式裂变的方法，会导致个人号面临短时间内添加量过多的情况，容易有封号风险。可以纳入个人号活码，做平均的分配导流。

提前配置多个个人号二维码,用户扫码后随机跳转一个即可。具体的活码配置页面如图1-26所示。

图1-26 个人号活码配置页面

个人号引流是用户成交的第一步,基于小小的个人微信号,许多团队实现了百万元、千万元的营收。如何基于个人号做用户管理与精准营销,我们将在后文中详细论述。

1.7 入门裂变:企业微信裂变方法剖析

1. 定义

基于企业微信个人号设置一个"福利",用户需要转发专属海报,邀请若干新用户添加企业微信好友,方可领取奖励。

2. 配套工具

小裂变企业微信裂变系统。

3. 企业微信裂变三大经典方法

（1）企业微信任务裂变

企业微信联动服务号裂变，沉淀私域客户。

- 使用工具：小裂变企业微信裂变系统，任务裂变功能
- 推荐指数：4颗星
- 裂变效果：5颗星

企业微信任务裂变的实操步骤如图1-27所示。

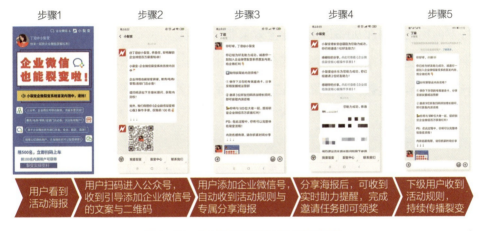

图1-27 企业微信任务裂变的实操流程图

企业微信任务裂变用户参与路径如下：

①用户看到活动海报

②用户扫码关注公众号，公众号推送引导文案和企业微信客服号二维码

③用户添加企业微信客服号，客服号自动推送活动规则和用户专属分享海报

④用户分享海报邀请好友助力，公众号推送实时进度提醒，完成即可领取奖励

⑤下级用户持续分享，不断传播裂变

企业微信任务裂变活动是将企业微信客服号和服务号结合起来实现的裂变方法，目的是实现企业微信客服号的好友数新增和服务号粉丝新增这一双重目标。

在任务式活动中，用户需转发专属海报，邀请若干新用户添加企业微信客服号好友，完成邀请即可领取奖励。

其中，借助认证的服务号可实现"助力进度提醒"与发奖，将流量双重沉淀在公众号与企业微信客服号中。

除品牌传播效果外，企业微信裂变活动的核心目的是为企业微信客服号、服务号双重引流，沉淀精准私域客户。

据内测客户反馈，在企业微信裂变活动中，公众号粉丝转化为企业微信好友的比例大都在90%以上，导流效果非常可观。

小裂变企业微信裂变系统后台也会实时展示活动数据情况，包含新增粉丝数、新增好友数、好友留存率等信息，详情如图1-28所示。

图1-28　企业微信裂变活动数据

（2）企业微信好友裂变

让客户持续不断地传播企业微信客服号二维码，源源不断地实现被动拓客。

- 使用工具：小裂变企业微信裂变系统，好友裂变功能

- 推荐指数：5 颗星
- 裂变效果：5 颗星

通过好友关系连接客户，是企业微信最了不起的发明。这两年私域的概念已经很成熟了，大家都知道要源源不断地利用好友关系。小裂变的企业微信好友裂变活动应运而生。

企业微信好友裂变的实操步骤如图 1-29 所示。

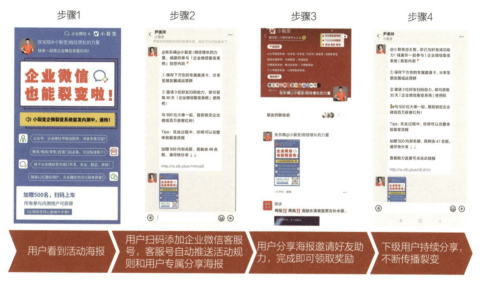

图 1-29　企业微信好友裂变的实操流程图

企业微信好友裂变用户参与路径如下：

①用户看到活动海报

②用户扫码添加企业微信客服号，客服号自动推送活动规则和用户专属分享海报

③用户分享海报邀请好友助力，完成即可领取奖励

④下级用户持续分享，不断传播裂变

企业微信好友裂变是最为直接的获客方式，以企业微信客服号作为裂变

载体、承接客户载体，通过奖品福利、课程优惠、书籍等产品吸引用户，让用户扫码添加企业微信客服号为好友。

在活动中，用户需转发专属海报，邀请若干新用户添加企业微信客服号好友，完成邀请即可领取奖励。

企业微信好友裂变无需借助认证的服务号即可实现完整的裂变流程，做到裂变传播路径极短，获客效率最高。

好友裂变是比任务裂变少了一个步骤，直接跳过公众号环节，极短的裂变流程大大提升了企业微信客服号的好友添加率。推荐大家直接做企业微信的好友裂变，简单、效果好。

（3）企业微信群裂变

让客户沉淀在社群内，裂变到社群外，规模化地建立社群客户池。

企业微信群裂变的方法和最近这几年采用比较多的微信群裂变方法一模一样，它可以不借助任何工具，基于企业微信配置实现。

企业微信群活码 + 入群欢迎语功能 + 机器人小助理 = 企业微信群裂变。

企业微信群裂变的实操步骤如图 1-30 所示。

图 1-30　企业微信群裂变的实操流程图

企业微信群裂变用户参与路径如下：

①用户看到活动海报

②用户扫码进企业微信群，自动推送群欢迎语、活动规则和裂变分享海报

③用户分享海报到朋友圈并截图发到群内

④小助理自动审核发送消息

企业微信社群裂变的原理是以线上分享课程、资料合集、优惠福利等为噱头，促进社群内用户一起转发分享的裂变行为。借助社群的群体效应和共同目标，推动、引导用户进行线上分享转发和推荐。

形成社群的前提是群成员认为自己能够从社群中获利。而社群裂变恰好是利用群体获利的效应，激发这个利益共同体去进行爆炸式的扩散和传播。

社群最神奇的地方在于社群用户拥有共同标签、去中心化、利益共同体、可组织这四大特征。

企业微信任务裂变、企业微信好友裂变、企业微信群裂变这三大裂变方法，瞄准的是企业微信的两个流量洼地——企业微信客服号和企业微信客户群。

将客户最紧密地连接起来，抓住这波裂变增长的红利。因为2020年做企业微信裂变获客和2015年做微信裂变的效果不相上下。

1.8
公众号裂变经典案例复盘拆解

案例1：张裕解百纳中秋活动

活动海报如图1-31所示。

活动主题

张裕赠酒活动，中秋家宴赏味。

活动奖品

售价 158 元的特级干红葡萄酒。

活动方法

任务式裂变活动，粉丝参与活动，可生成自己的专属邀请海报，邀请朋友助力（关注公众号），即可为自己增加人气值。

使用工具

小裂变任务宝（公众号裂变系统）。

领奖规则

助力人气值≥10 人，且进入排行榜前 100 名的用户，即可获得领奖资格。

奖品为阶梯式奖励：

人气排行榜第 1 名，可获赠 30 瓶葡萄酒；2~10 名可获得 6 瓶葡萄酒；11~30 名可获得 2 瓶葡萄酒；31~100 名可获得 1 瓶葡萄酒。

图 1-31　活动海报

活动数据

具体数据如图 1-32、图 1-33 所示。

图 1-32　张裕解百纳中秋活动数据

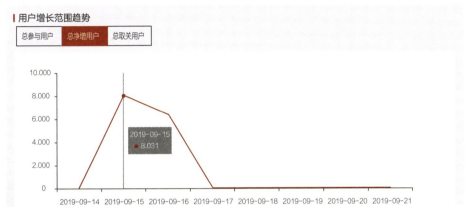

图1-33 张裕解百纳中秋活动趋势图

①基础数据

活动参与人数：48124人。

活动净增粉丝数量：40040人。

活动裂变率：87.73%。

粉丝留存率：85.01%。

②裂变趋势

本次活动完美"蹭"了中秋节的节日热点，中秋节前预热启动，中秋节当天参与用户量稳定增长，最终在冲榜阶段达到峰值。

增长秘诀

①工具选择

小裂变任务宝能低成本、高效率、指数级地获取用户。

②规则设定

因本次活动的奖品价值较高，故采用排行榜玩法，设定一个最低助力值（10人），并按照排行榜名次进行奖励。在活动的中后期，用户自发进行排名竞争、冲榜，从而进一步提升了活动的拉新效果，进一步降低成本。

③系统设置

因本次活动奖品价值较高，为防止引来"羊毛党"用户，特意进行了活动的防刷设置，将短时间内增长异常的用户直接拉入黑名单。

此外，为进一步保证活动的安全性，活动开启了虚拟投诉按钮，方便运营人员及时调控活动，有针对性地解决用户的问题。

案例2：朗文小英公众号裂变活动

活动海报如图1-34所示。

活动主题
感恩教师节，儿童平衡车免费领。

目标人群
女性家长，年龄为25~40岁。

活动奖品
平衡车、笔筒、补水仪、永生花、朗文小英课程等。

活动方法
粉丝参与任务式裂变活动，可生成自己的专属邀请海报，邀请朋友助力（关注公众号），即可为自己增加人气值。限时限量，设置排行榜排名机制。

图1-34 活动海报

使用工具
小裂变任务宝（公众号裂变系统）。

领奖规则
奖品为阶梯式奖励，设置以下三个阶梯的奖品。

助力人气值≥59人，且人气排行榜前3名的用户，可获得平衡车一辆；

助力人气值≥23人的1~100名的用户可获得补水仪一个；

助力人气值≥15 人的用户,即可领取限量 200 份的笔筒;
前期预热随机抽取幸运用户赠送永生花。

活动数据

具体数据如图 1-35 所示。

图 1-35　朗文小英公众号裂变活动数据

① 基础数据

活动参与人数:11562 人

活动净增粉丝数量:10418 人

活动裂变率:98.42%

粉丝留存率:90.18%

② 裂变趋势

本次活动借助教师节之势,在活动前期做足预热;在活动正式开展第一天即达到活动裂变高峰,短短两天时间,公众号净增粉丝 10000 多人,与预热动作共同实现净增粉丝量近 20000 人。

③ 投放渠道

本次活动在部分 KOL 宝妈个人号朋友圈进行了推广,覆盖渠道用户 3000 多人,触达用户自发参与、转发,活动分享率极高。

增长秘诀

① 规则设定

在活动前期,借助教师节的节日效应,随机抽取幸运用户赠送教师节永生花进行促活,并在一定程度上拉新用户。

因奖品价值较高,在正式活动中采用排行榜和限时限量方法,最低拉新 15 人可领取阶梯一的奖品,而阶梯二和阶梯三的奖品则需要通过排名来领取;在活动的中后期,用户自发进行排名竞争、冲榜,从而进一步提升了活动的拉新效果,进一步降低成本。

②系统设置

为进一步保证活动的安全性,本次活动同样开启了虚拟投诉按钮,方便运营人员及时调控活动,有针对性地解决用户的问题。

③渠道投放与品牌推广

活动选取了目标用户较为感兴趣的奖品,对应投放到与幼儿教育匹配的宝妈、女性用户等渠道,这也是活动裂变效果尚佳的一个重要因素。

本次活动有效引导用户参与了朗文小英品牌课程,进一步提高了朗文小英品牌的曝光量。

案例 3:苏宁旗下某电商平台

行业背景

该平台主要面向的是对电子通信行业感兴趣的年轻人,是以手机通信业务为主的电商平台,日常发布最新手机资讯和行业内最新动态。故本次裂变活动主题为:双十一种许愿树,换新手机。

裂变四大关键点

①裂变奖品

裂变奖品包括:5G 手机、1000 元苏宁卡、500 元苏宁卡、100 元苏宁卡。设置了 10 份实体奖品,90 份卡券奖品,总体价值相对较高。很显然,本次活动围绕行业特性选择奖品,有效地结合了苏宁自身业务和服务。

② 活动规则和方法

奖品	规则	数量/份
5G 手机	排行榜前 10 名且人气值≥10 人	10
1000 元苏宁卡	排行榜第 11~20 名且人气值≥10 人	10
500 元苏宁卡	排行榜第 21~50 名且人气值≥10 人	30
100 元苏宁卡	排行榜第 51~100 名且人气值≥10 人	50

本次活动设置的规则门槛相对较低，最低人气值为 10 人。

对于用户来说，寻找 10 个好友助力，就极有可能领取到至少 100 元的苏宁卡，所以绝大部分用户是愿意付出人力成本参与活动的。

结合排行榜方法，用户需要关注活动的时间周期，本次活动的时间周期为 11 天。用户关注活动的时间周期过长容易导致积极性下降，建议最佳活动周期为 3~5 天。

由于公众号是服务号，用户邀请好友扫描自己专属的海报就可以直接助力成功，操作成本非常低。

③ 活动海报

活动海报如图 1-36 所示。

图 1-36　活动海报

- 海报上体现的主题明确，本次活动奖品价值大，主题直接与活动奖品挂钩，直击用户痛点，刺激用户参与活动
- 给予了用户身份的定位，给予用户专属感
- 苏宁的品牌露出，品牌效应能提高用户的信任感

④ 裂变渠道

本活动利用了社群推广，根据本行业用户属性，选择的是与行业相关度

较高的社群。

裂变技巧

①裂变工具

小裂变任务宝是小裂变旗下一款低成本、高效率、指数级获取用户的裂变式涨粉营销系统。

依托公众号的相关开发接口，可创建任务式活动，实现老带新、新带新的裂变拉新效果，帮助企业高效率、低成本增加公众号粉丝。具体的裂变逻辑如图1-37所示。

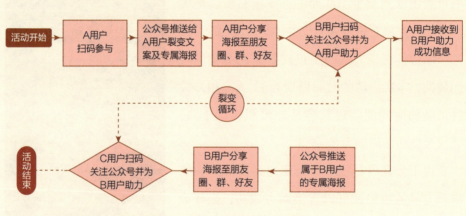

图1-37 公众号裂变的逻辑图

②系统设置

本次活动主要采用的是"一级阶梯+排行榜"的方法。

- 排行榜方法可以有效刺激用户竞争
- 活动开启了投诉功能，有效拦截恶意投诉
- 为了防止"羊毛党"薅羊毛，活动开启了防刷检测：在60秒之内，用户邀请助力人数达到或超过30人时，该用户会被立即拉入黑名单，无法参与活动，进一步保障活动的公平、公正与真实性。具体设置如图1-38所示。

第 1 章 裂变获客

图 1-38　防刷检测设置示意图

效果分析

①活动效果

本次活动结束后 48 小时用户留存量为 53181 人，活动总参与用户数为 65447 人，活动实际发奖数量为 80，数据如图 1-39 所示。

图 1-39　该裂变活动数据

②活动亮点

裂变活动降低了用户参与活动的门槛，加大了奖品的价值。

人会有目标趋近心理，当用户完成 10 人助力这个并不算太难的任务后，会想尽办法让自己保持在前 100 名，并且名次越靠前，获得的奖品更有价值，这就不断驱动用户邀请好友为自己助力。

在活动形式上，以浇水种树实现心愿这样新颖的方式，吸引用户参与活动，而不是赤裸裸的利益交换。

③活动数据分析

活动参与人数：65447 人

活动结束后 48 小时净增人数：53181 人

049

活动裂变率：96.60%

粉丝留存率：87.28%

- 总参与用户量较多，说明活动的传播广度和用户的积极性较高。主要原因为：奖品价值高，活动规则门槛较低，对用户的吸引力较大，活动曝光量较高。
- 裂变率较高。裂变率衡量的是活动一级用户的参与意愿及拉新能力。裂变率达85%以上，说明活动效果良好。本次活动的裂变率为96.60%，表示一级用户分享及参与意愿十分强烈。
- 留存率较高。正常裂变活动的留存率为75%~85%，本次活动留存率为87.28%。这说明用户留存量多，用户对于公众号有一定的信赖，其品牌影响与可信赖程度较高。

案例4：顺丰旗下某平台

行业背景

该平台主要为蓝领人群提供住宿租赁和出行找车服务，因此本次活动的拉新目标主要是对住宿租赁和找车服务有一定需求的人群。

裂变活动的主题为：0元免费领智能测温保温杯。

裂变四大关键点

①裂变奖品

裂变奖品包括：价值79元的抖音网红潮款智能测温保温杯和666元现金奖励。设置了1000份实体奖品，1份红包奖品，总体价值相对来说较高。本次活动围绕目标用户需求或潜在需求选择奖品，保温杯对于蓝领来说，吸引力较强。

②活动规则和方法

奖品	规则	数量/份
价值79元的抖音网红潮款智能测温保温杯	助力人数≥7人，且分享发送截图，先到先得，随机抽取	1000
666元现金奖励	助力人数≥200人且排行榜第一名	1

本次活动设置的规则门槛是比较低的，设置了助力人数为7人，而奖品的数量则有1000份。

在实体奖品价值较高的情况下，能够吸引大量的用户参与活动也是符合运营预期的。先到先得的规则设置，大大刺激了用户快速参与活动的积极性。

结合排行榜方法，给予活动排行榜第一名的用户666元现金的奖励，也让用户产生了竞争的意识。根据活动奖品数量限定活动结束方式，领完即止，进一步刺激头部用户竞争。

同样，用户利用服务号邀请好友扫描自己专属的海报就可以得到助力，大大降低了用户在活动中的操作成本。

③活动海报

活动海报如图1-40所示。

- 海报上体现的主题明确，直接突出"免费领取"，将利益点直接暴露出来刺激用户

- 本次活动奖品比较实用，突出了奖品的卖点

- 突出奖品价值，让用户能够直接感受到参与活动能够享受的福利

- 给予了用户身份的定位，给予用户专属感

- 直接体现了活动参与方式，提醒用户参与活动

- 海报风格简洁明了，没有过多装饰点缀

图1-40 活动海报

④裂变渠道

线上线下渠道结合推广，具体渠道属企业隐私。

裂变技巧

①裂变工具

本次裂变活动使用了小裂变任务宝进行裂变活动的配置。

②系统设置

本次活动采用了"一级阶梯+抽奖+排名"的方法，将多种方法糅合，使活动的形式变得丰富，用户可以冲刺不同等级的奖品。

- 活动开启了投诉功能，有效拦截用户恶意投诉，降低裂变活动的风险
- 为了防止"羊毛党"薅羊毛，开启了防刷检测：在60秒之内，用户邀请助力人数达到或超过60人，该用户会被立即拉入黑名单，无法参与活动。由于本次活动助力门槛较低，期间并无出现刷量行为，具体设置如图1-41所示

图1-41 防刷检测设置示意图

效果分析

①活动效果

本次活动结束后48小时用户留存量为29597人，活动总参与用户数为21779人，活动实际发奖数量为1000份，详细数据如图1-42所示。

活动实时数据

29597人	21779人	3957人	95.87%	76.49%
总参与用户	总净增用户	总取关用户	裂变率	留存率

图 1-42　裂变活动数据

② 活动亮点

在奖品选取上，奖品价值适中，但十分实用，且非常契合用户在冬季的需求。助力人数达到 7 人即可领取，大大降低了用户获取奖品的人力成本，并且会让用户觉得奖品的价值远超自己所付出的成本。

在推广渠道上，在正常推广之外，活动中设置了一个额外的分享发送截图的抽奖环节，利用用户分享转发，又给活动增加了一定的曝光量。

③ 活动数据分析

活动参与人数：29597 人

活动结束后 48 小时净增人数：21779 人

活动裂变率：95.87%

粉丝留存率：76.49%

- 总参与用户量较高，说明活动的传播广度和用户的积极性较高。主要原因为：奖品实用且具有一定价值，数量多，活动规则门槛较低，对用户的吸引力较大，活动曝光形式较多，使得活动曝光量较高。

- 裂变率较高。裂变率衡量的是活动一级用户的参与意愿及拉新能力。本次活动的裂变率为 95.87%，表示一级用户分享及参与意愿十分强烈；用户裂变层级达到 23 级，说明本次活动的传播深度较深。

- 留存率较高。正常裂变活动的留存率为 75%～85%，本次活动留存率为 76.49%，用户留存量在正常范围内。用户对于公众号有一定的信赖，企业的业务和服务较符合目标用户的需求。

案例5：爱奇艺下属某创作平台

行业背景

该平台是爱奇艺旗下的官方创作平台，主要面向文学、漫画、短视频等内容创作者，公众号多发布最新相关比赛资讯、行业消息、各类作品故事，传播品牌相关内容。

裂变活动主题：尖叫之夜门票免费送。

裂变活动四大关键点

①裂变奖品

裂变奖品是爱奇艺尖叫之夜门票。

本次活动奖品简单粗暴，3张单价为500元左右的现场活动门票，总体价值适中。围绕行业特性，利用平台自带的娱乐属性、明星效应，有效地结合品牌开展活动。

②活动规则和方法

用户分享自己的专属海报，邀请好友为自己扫码助力，在规定时间内，排行榜人气前三名即可领取爱奇艺尖叫之夜门票一张。

活动规则简单明了，用户只需要直接邀请好友助力即可。

活动采用的是排行榜机制，有效激发了用户的竞争意识（注意：排行榜方法要控制好节奏，避免用户激增）。

③活动海报

活动海报如图1-43所示。

- 海报主题：爱奇艺尖叫之夜门票免费送。该主题直达用户痛点，简单明确
- 品牌背书：海报上放置品牌标志，可以有效地借助品牌力量，增强用户对活动的信任感

- 活动参与方式：用户分享自己的专属海报，邀请好友为自己扫码助力，在规定时间内，排行榜人气前三名即可领取爱奇艺尖叫之夜门票一张
- 海报字体：贴合品牌色，主次分明
- 海报风格：符合品牌调性，简单大气

④推广渠道

利用公众号原有粉丝，推送活动文章。

裂变技巧

①裂变工具

本次活动依托于小裂变任务宝开展。

依托于公众号的相关开发接口，可创建任务式活动，实现以老带新、以新带新的裂变效果，帮助企业高效率、低成本增长公众号粉丝，订阅号裂变的逻辑如图1-44所示。

图1-43 活动海报

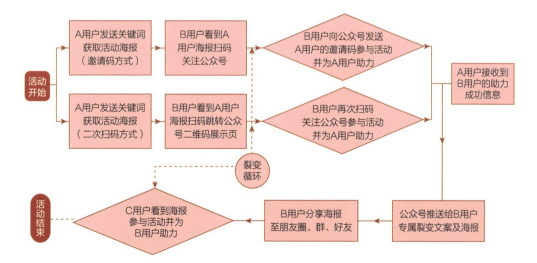

图1-44 订阅号裂变的逻辑图

②系统设置

本次活动主要采用排行榜方法，有效刺激用户展开竞争；开启投诉功能，防止用户恶意投诉；防刷机制开启：60 秒之内，用户邀请助力人数达到 100 人，该用户会被立即拉入黑名单，无法参与活动，从而保证活动的公平性，具体设置如图 1-45 所示。

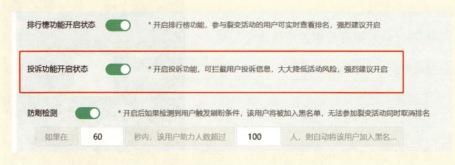

图 1-45　投诉按钮界面和防刷检测示意图

裂变效果分析

①活动效果

本次活动于 12 月 2 日 15 点结束，留存的实际粉丝量为 31823 人，活动总参与用户数为 44705 人，活动实际发奖数为 3 份，单个获客成本 0 元。

②活动亮点

利用热点借势，该公众号是一个具有娱乐性质的内容创作平台，又借了爱奇艺的品牌之势。

本次活动选取的奖品是爱奇艺尖叫之夜门票，爱奇艺尖叫之夜是一年一度的明星颁奖盛典，本次盛典邀请了一些热门流量明星。

本次活动尽管方法单一，奖品数量极少，也并未大肆宣传，但仍然吸引了一大批粉丝参与，并且给公众号带来了大量的曝光。

③活动数据分析

活动参与人数：44705 人

留存后净增人数：31823 人

活动裂变率：98.95%

粉丝留存率：84.35%

一级用户数量：470 人

用户裂变等级：20 级

奖品发放数量：3 份

用户层级如图 1-46 所示。

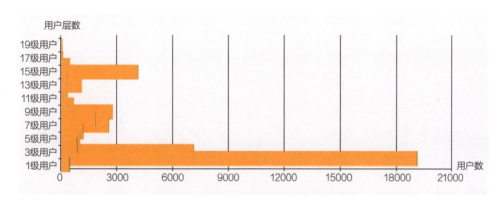

图 1-46　用户层级页面示意图

总参与用户量达到了 44705，而一级用户只有 470 人，说明本次活动直接触达的老用户只有 470 人。通过老带新、新带新，活动参与人数达到了 44705 人，用户裂变的等级达到 20 级。说明本次活动传播广，对用户的吸引力较大，用户参与活动的意愿极高。主要原因是：本次活动的奖品足够吸引目标用户关注；活动规则不复杂，用户较容易参与；借助品牌效应，用户对于活动有一定的信赖。

裂变率较高。通常裂变率达到 85% 以上已是良好，本次活动的裂变率达到了 98.95%，说明裂变效果十分好，用户参与度极高。

本次活动两天后的留存率为 84.35%。一般活动结束 48 小时内，正常活动留存率在 75%~85%，故本次活动粉丝留存量较高，该公众号平台对用户有一定吸引力。

*本章部分案例来自于合作伙伴，仅供参考学习

留存促活

第 2 章

活跃的留存才有意义,
有消费的留存才有价值

裂变获客的下一步便是留存促活，促活方法不对，裂变引流白费，本章基于微信生态内的四大流量触点，讲述留存促活、精准营销的具体方式。

以公众号精准营销为例，简单来说，就是将细分公众号粉丝划为ABCD等多个大类、细分小类，针对每一类型的用户提供其感兴趣的价值内容，提高用户活跃度与黏性，从而促进成交或进一步导流沉淀。

在本章你将学到以下内容：

2.1 公众号用户分类与两大精准营销方法
2.2 小程序拉新设置与三大留存促活方法
2.3 微信群聊快速引爆的三大运营方法
2.4 微信个人号精细化管理与运营指南

提高用户活跃度是提高转化率的基础，有消费的留存才有价值。

2.1
公众号用户分类与两大精准营销方法

要想掌握公众号精准营销的方法,首先要对公众号粉丝(即关注用户)做类型划分。

1. 微信公众号后台用户类型划分

登录微信公众号后台,点击"用户分析"模块,即可查看用户类型。

(1)性别特征

可查看该微信公众号粉丝中男、女用户的数量及占比,如图2-1所示。

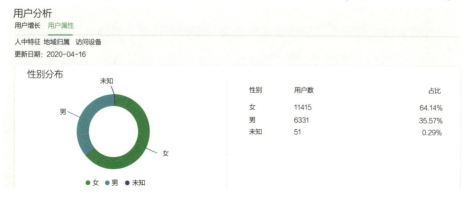

图2-1 某公众号用户性别属性截图

(2) 年龄分布

可查看该微信公众号粉丝的年龄分布情况,如图2-2所示。

年龄	用户数/人	占比
26~35岁	8034	45.14%
18~25岁	4032	22.66%
36~45岁	3989	22.41%
46~60岁	1516	8.52%
60岁以下	95	0.53%
18岁以下	72	0.40%
未知	59	0.34%

图2-2 某公众号粉丝年龄分布截图

(3) 语言分布

可查看该微信公众号粉丝的语言使用情况,如图2-3所示。

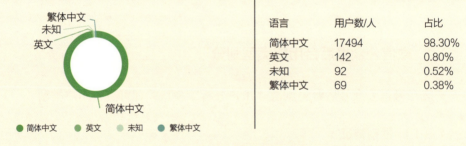

语言	用户数/人	占比
简体中文	17494	98.30%
英文	142	0.80%
未知	92	0.52%
繁体中文	69	0.38%

图2-3 某公众号语言分布截图

(4) 地区分布

可查看该微信公众号粉丝所在的主要省市分布情况,如图2-4所示。

地区	用户数/人	占比
山东省	1941	11.13%
广东省	1900	10.32%
江苏省	1060	6.08%
重庆市	1054	6.04%
北京市	900	5.35%
河南省	843	4.83%
河北省	818	4.69%

图2-4 某公众号地区分布

（5）关注时间

在不同发展阶段的公众号，用户来源有较大的差异，因此根据用户的关注时间，以月度、季度来做划分，也是常见的分类方式之一。

（6）用户标签

公众号为运营者提供了标签工具，可以针对已关注用户做标签管理。同样也可以给不同渠道来源的用户做自动打标签处理（需借助工具实现，后面详细说明）。

2. 公众号精准营销的两大方式

（1）推文精准营销：分类推送

在微信公众号发文时，可选择按照标签、用户性别、用户地区做筛选群发。

应用场景示例：①在三八妇女节当天，可群发消息至所有女性粉丝。②针对标签下某个特定粉丝群体做单独推送。

（2）消息群发精准营销：模板消息+客服消息

除微信公众号官方规定的推文次数外（服务号每月可推送4条消息、订阅号每天可推送1条消息），为了便于运营者做精细化运营和精准营销，公众号还提供了模板消息、客服消息开发的接口，可基于此接口做开发，在微信公众号规定的推文次数外，依旧可以给粉丝推送消息。

需要注意的是，微信官方仅提供了相关的开发接口，需借助专门的消息群发系统工具，方可实现推送。

接下来就和大家详细介绍基于模板消息与客服消息的精准营销推送方法。

①模板消息

模板消息群发系统是基于微信公众号模板消息接口所做的开发，在不占用服务号每月4次群发的情况下,支持每天针对粉丝群发消息,群发消息以模板卡片形式体现,支持跳转链接和跳转小程序,消息点击率可达30%,有效解决服务号群发粉丝互动困难等问题,提升营销转化。此功能仅适用于服务号。

- 模板消息使用场景

电商行业促销活动、在线课程开始通知、小程序推广、粉丝定向推送、公众号文章二次曝光、精细化运营公众号粉丝、定向导流、沉淀私域流量池。

- 模板消息编辑

登录小裂变系统后台,点击"公众号裂变"-"消息群发"-"模板消息群发",即可进行模板消息的配置——选择模板、编辑模板内容、保存模板消息、推送模板消息。

- 模板消息推送

在进行模板消息的推送时,可推送给公众号全体粉丝、单个粉丝、某场裂变活动粉丝,也可以使用高级功能多维度筛选。其中高级功能支持针对用户标签、所在地区、性别、关注时间等进行筛选,如图2-5所示。

图2-5 小裂变系统后台模板消息

- 模板消息展示样式

模板消息推送的样式为卡片式，由大标题和具体内容组成，具体样式如图2-6所示。

②客服消息

客服消息群发系统是基于客服消息接口所做的开发，不占用公众号群发次数，能够给48小时之内和公众号互动过的用户发消息。

互动定义为：新关注、在公众号留言或触发菜单栏等。

客服消息可以以文字、图片及图文消息的形式展示，图文封面和描述均可自定义，可跳转任意链接。服务号、订阅号都可以使用此功能。

- 客服消息使用场景

导流添加个人号或社群、公众号文章二次曝光、高活跃度粉丝精准营销。

图2-6 某公众号推送的模板消息

- 客服消息编辑

登录小裂变系统后台，点击"公众号裂变"-"消息群发"-"客服消息群发"，即可进行客服消息的配置。

客服消息推送样式有两种：①图片+文字；②图文消息。一般来说，如果希望由客服消息引导添加个人号、社群等，可采取图片+文字样式推送；如客服消息推送的是公众号文章、其他H5页面链接，可采取图文消息样式推送。

- 客服消息推送

客服消息的推送编辑可在小裂变系统后台完成，如图2-7所示。

图2-7 小裂变系统后台客服消息页面

客服消息可选择推送给公众号所有粉丝、单个用户、裂变活动用户,需要注意的是,只有48小时内与公众号互动过的用户才会收到消息。

- 客服消息展示样式

客服消息推送样式如图2-8所示。

a)   b)

图2-8 客服消息推送样式
a)图片+文字样式   b)图文消息样式

③高级关注后自动回复

• 功能介绍

新用户关注公众号后，会通过事先设置好的时间，给用户自动推文字、图片、链接等。可根据具体需求，设置活动推送、消息提醒等。如图2-9所示，高级关注后自动回复可自动推送消息。

图2-9 消息推送

a）1分钟推送　　b）3分钟推送　　c）5分钟推送

• 功能特点

自定义回复时间，灵活互动：设置多条时间规则，分别在粉丝关注后不同时间点回复消息。

支持回复多条不同类型消息：可编辑多条不同消息，支持回复粉丝图文、文本、图片、小程序等消息类型。

• 使用场景

短期快速提升用户对账号的认知、营销活动的传播和转化、新增粉丝的沉淀和引流。

以上就是公众号精准营销的几种方式，相信你看后一定有所收获。

2.2
小程序拉新设置与三大留存促活方法

基于小程序做精准营销有两大核心目的:一是促活,提升留存率,二是拉新,促进用户增长。

小程序"用完即走"的属性,使得留存问题成了小程序运营的痛点之一。通过合理的运营手段,提高小程序的留存率,使得"走了的用户还会再回来""来了的用户还能做拉新",这是小程序长期良性运营的关键。

1. 做好基础设置,提升用户留存

(1)做好小程序功能定位

便捷易用是小程序的第一属性,只有明确自身定位和目标用户,才能做好全生命周期的规划。从名称到功能,小程序一定要有自身明确的定位,且其功能是用户实实在在的需求。如工具型小程序"抽奖助手",就是明确的抽奖辅助型工具,用户一想到做抽奖,就会联想到这个小程序。

(2)设置新人礼包

新用户专属福利包已经成为很多电商类小程序的标配,通过无门槛优惠券和品类优惠券的同时发放,既能促进新用户下单,又方便后续的持续消费。

2. 用户拉新与留存促活三大方法

(1)合理利用流量入口

我们都知道,微信生态中有很多免费的流量入口,前面的章节中已经教

会大家怎样优化公众号设置，从而获得更多免费优质的流量，本节的内容就和大家探讨下，如何基于流量入口给小程序引流。

① 简化小程序名称

由于小程序名称具有唯一性，再加上拥有服务直达和内容收录等能力，利用SEO技巧优化小程序名称和内容有助于获取搜索流量，如"成都购房通"这样的小程序名称，就非常占据搜索优势，如图2-10所示。

图2-10 微信搜索页面示意图

② 线下展示小程序码

线下张贴小程序推广海报也是不错的推广方式，不过要注意场景的选择。如外卖点餐平台饿了么就经常在线下餐饮店内投放其外卖小程序码，转化场景绝佳。

（2）设置分享拉新福利

① 用户拉新福利

邀请新用户进入小程序，即可领取对应福利，常见的签到分享拆红包、邀请好友点赞助力领福利，都是不错的拉新方式。

② 产品分销佣金

分享小程序内产品，邀请下级用户购买，可获得分销佣金奖励，如图2-11所示。

（3）多入口推送，高频触达

小程序运营可与公众号、社群、个人号联动进行，从而达到更佳的促活效果。

图2-11 活动海报

①公众号模板消息推送

在本书前面的内容中，我们已经讲述服务号具有模板消息推送的功能，模板消息可以链接到小程序页面，实现点击后跳转小程序页面的效果。在小程序的实际运营中，模板消息的推送也必不可少。

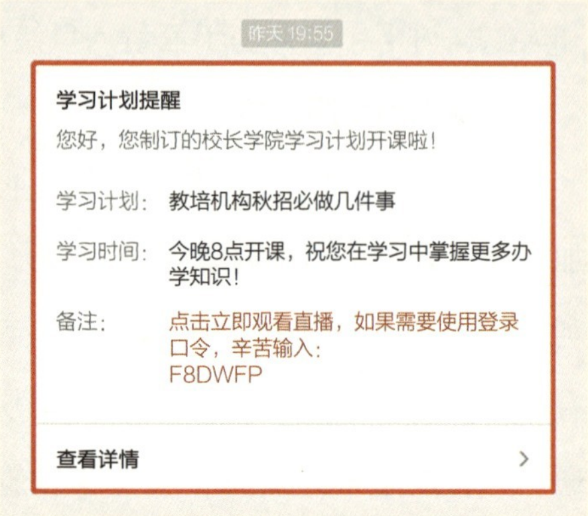

这需要将小程序与服务号做绑定，绑定完成后，即可在服务号进行消息

图 2-12 某服务号模板消息推送

推送，链接到小程序的任意页面，配合适合的模板消息，能够达到非常好的促活效果，模板消息推送如图 2-12 所示。

②群小程序卡片推送

将老用户沉淀在微信群，系统化运营，提高老用户的复购转化，每日发布新活动、促销商品、优惠券、产品实拍图等，促进用户下单。比如笔记侠，就将购买了低价课程、特惠课程的用户导入微信群，做长期的用户运营，具体如图 2-13 所示。

③个人号朋友圈配合，促进下单

个人号朋友圈是打造个人 IP 的不二之选，如完美日记、宝洁等很多品牌，都在使用个人号打造高亲和力人设，从而带动产品销售，图 2-14 为完美日记某个人号日常发布的带货朋友圈。

图 2-13 推送至社群的卡片

除此之外，还可以将小程序绑定在公众号菜单栏或插入公众号推文中，同样可以起到给小程序导流促活的效果。

④签到方法，培养用户黏性

可在小程序内部嵌入"签到领红包""领积分"等方法，并将拉新环节嵌入签到玩法中，

图2-14　某个人号朋友圈推广

置入"分享解锁更多福利"方法。不论是高频使用的小程序，还是低频使用的小程序，都可以运用这种常规的签到方法培养用户黏性。搭建会员商城，采用积分换购等方法也是相似的原理。

⑤优质内容输出，优化体验

内容为王，小程序本身的内容质量是小程序运营的基础。优化小程序视觉体验、交互体验是通过专题活动运营、内容栏目运营等优化用户使用体验，使其超过80%的同类型小程序，这样才能长期良性运营下去。

⑥千人千面，提高转化

利用用户大数据，推送不同的产品给不同喜好的相关用户，呈现不同的页面内容，让用户在面临海量选择时，能及时选择合适的产品和服务。

基于小程序本身的裂变拉新，市面上已有不少成熟的方案，小裂变同样研发了对应的裂变工具，专门服务于小程序的裂变拉新。

对于小程序裂变活动中新增的用户，强烈建议采取订阅消息进行二次营销。

（4）小程序订阅消息操作方式

登录小裂变系统后台，点击"小程序裂变"—"订阅消息"。

- 点击"订阅消息"—"添加新的订阅消息"
- 选择消息模板，进行配置

具体配置页面如图 2-15 所示。

图 2-15　小程序订阅消息配置页面

其中，跳转页面为用户点击该消息后将跳转的页面，可跳转小程序首页或其他页面。

以上就是小程序精准营销的全部内容，期待各位读者与我们分享落地实操的收获。

2.3
微信群聊快速引爆的三大运营方法

社群的群体属性非常适合企业做营销转化，但微信群的开放性又使得群管理和群活跃度的维持难度飙升。

基于社群做精准营销，一定要从根本上学会分类运营、精细运营，这里讲述社群的三大运营方法，希望对大家有所启发。

1. 根据目标用户群做好社群定位

社群的本质是人的聚集，要清楚你的目标用户群是谁，需求有哪些。

输出目标用户画像，再围绕目标用户群的需求做好社群的定位，明确群的核心价值。

社群如企业，聚集的是使命、愿景、价值观一致的一批人。比如，课程直播群、理财学习群、电影交流群、健身减肥群、学习打卡群、好物分享群，确定一个核心的群价值，后续的社群建设与运营才会更有方向性，社群成员也会更有凝聚力。

2. 运用裂变思维，快速引爆社群

做好群定位后，我们就可以开始往社群引流用户，其中最高效的引流方法就是社群裂变。

除社群裂变外，还有一些常规的引流方法可用。

（1）朋友圈推广宣传

①引导用户私聊，发送入群邀请

②发布含社群二维码（或活码）的海报，引导用户扫码进群

日常在刷朋友圈时，我们也经常可以看到许多导流社群的例子，如图2－16所示。

图2－16　朋友圈导流社群示例

（2）社群引流

可通过其他与自身社群目标用户群重合度较高的社群引流（如教育行业可从宝妈群引流），以达到精准引流的目的。需要注意的是，从其他社群引流最好与群主友好协商，避免因发布引流广告被踢，也会给群成员造成不良的印象。

（3）其他形式的推广

如通过线下广告位展示、散发传单等，引导用户扫码进群，获得福利。

3. 做好内容输出，长期运营社群

想要长期保持社群高质量的运营，一定要制订相关的运营策略。对于活动快闪群，以转化为目的的短期群，可以在活动结束后将社群解散，避免不必要的社群管理投入与品牌负面影响的产生。当然，为了避免流量的浪费，可以提前将这批社群流量引导至个人微信号。

而对于有长期运营价值的社群，我们要做好以下几点：

（1）制定群规

不论是免费群还是付费群，都需要一定的群规来约束。

除专门的互粉互阅群外，一般社群内都禁止爆粉、广告、违规内容探讨。对于违反群规的用户，第一时间踢出。

（2）社群内容运营

长期为群内用户输出高价值的、具有稀缺性的内容，让用户有"获得感"，从而增强对社群的价值认同。如大咖分享、深度行业信息解析等，如图2-17所示。

可根据实际情况设置固定运营栏目，如每日早报、优质文章分享、资料发送、资源链接需求发布等，如图2-18所示。

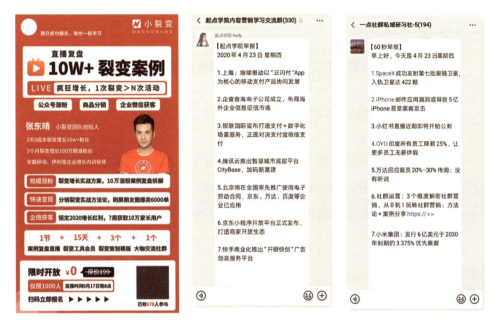

图2-17　大咖分享式内容运营　　　　图2-18　社群固定栏目运营

（3）社群活动运营

①定期主题活动

每周讨论分享、群内签到打卡等定期主题活动。

②不定期活动

组织优秀学员进行分享、群内竞赛活动等不定期活动。对于转化型社群，还要做好群氛围调动工作，适当安排一些"内部人士"进群，更好地进行成交转化与客户维护。

外行看热闹，内行看门道。社群运营看似热闹，但运营成本也颇高（长期社群需专人进行长期管理维护），一定要提前制订社群运营方案，提前预设各种可能出现的情况，做好相关情况的处理预案。

2.4
微信个人号精细化管理与运营指南

1. 企业如何管理好员工个人微信号

员工使用微信号应当由企业统一注册、分配,避免因员工离职而带走客户信息。在此过程中,公司需要做好注册微信号的信息登记工作,由专人负责信息的更新、同步。使用公司分配的个人微信号的员工,必须添加3~5位身边的真实好友,保证添加的好友随时可联系上,可用作前期养号以及为辅助验证解封做好准备。

公司登记员工微信号信息示例表,如表2-1所示。

表2-1 ×××(公司名称)员工微信号分配及登记表

手机号	微信号	注册时间	微信昵称	当前使用者	绑定身份证	绑定银行卡	密码信息

员工添加3~5个好友的登记表,如表2-2所示。

表2-2 ×××(员工姓名)微信好友登记表

微信昵称	微信号	好友姓名	好友微信号	好友微信昵称	联系电话	备注
		小A				
		小B				
		小C				

2. 员工如何管好手头微信号

（1）基础准备

员工需明确自己使用的微信号所绑定的各项信息，如绑定身份证、手机号、银行卡、密码信息。

建议将微信号所绑定手机号信息，用便签粘贴在手机背面。

员工需保证手机号不停机，可通过搜索手机号添加微信好友。

（2）好友管理

基于现有微信做用户管理与精准营销，第一步就是做好用户标记分类。

星标用户：

针对近期需回聊、推进合作的好友，建议星标处理。

标签分组：

根据业务需要，对客户进行标签化管理，如根据好友来源划分，包括线下活动、领资料用户、客户推荐等。

重要信息备注：

建议在用户昵称前标注该客户的重要信息，如行业、姓名、需求。例：【高意向】珠宝行业 – 张总 – 拼团需求

按意向程度备注：

如高意向、签约待付款、已成交。例：【已成交】– 林晓 – 新东方考研。

（3）消息群发

微信自带群发助手，可实现批量群发消息至好友，可推送文本消息、图片。

一次群发最多可选择 200 位好友，针对选择的好友可连续发送多条消息。

需要注意的是，使用微信自带的群发助手，不可推送敏感信息及过度营销性信息，单次推送量上限在 1000 人左右（推送过多会被提示操作频繁），

具体操作如图2-19所示。

图2-19　微信自带群发助手使用示意图

3. 朋友圈运营

（1）基础信息设置

①微信头像

尽量使用真人头像或卡通形象，展示专业、亲近的形象，提高信任度。在此也给大家展示小裂变增长顾问头像风格的升级过程，从"随手拍"到"品牌形象照"，如图2-20所示。

图2-20　小裂变增长顾问头像风格的升级过程

②微信昵称

微信昵称尽量简洁，体现品牌或专长，如朋友圈营销师-李雯或母乳喂养师-立姐，忌字数过多或用含意义不明的特殊符号。

③签名设置

有趣、专业、有价值，是签名设置的核心，如国内文案变现第一人、独创××文案写作法。

④朋友圈封面

可展示专业形象、主营业务、权威背书、大咖推荐等，如图2-21的朋友圈封面示例，就塑造了专业的团队或个人形象。

图2-21　正面示例：朋友圈封面图

（2）朋友圈发布营销信息

①朋友圈发布频次

- 选择你的目标用户群体"刷朋友圈"的时间段，发布你的核心内容，忌不分时段地发布，这样难以大量触达用户
- 一天发1~3条高质量朋友圈为宜，忌大量刷屏

②朋友圈发布内容

- 朋友圈发布内容应当至少由三部分组成：专业性内容、生活化内容和互动性内容
- 企业可根据业务情况与个人号运营情况，制订朋友圈发布标准作业程序流程图，以一周为周期，早中晚三个时间为节点，做好朋友圈发布的内容排期

- 根据朋友圈发布的互动及效果情况,不断迭代优化朋友圈的标准内容,每日发布1~3条为宜,标准内容具体如表2-3所示

表2-3 朋友圈发布标准内容计划表

	第一天	第二天	第三天	第四天	第五天	第六天	第七天
上午8:00-9:00							
文案							
配图							
追评							
中午11:00-12:00							
文案							
配图							
追评							
下午17:00-18:00							
文案							
配图							
追评							
晚间20:00-21:00							
文案							
配图							
追评							

* 本章部分图片来自于合作伙伴,仅供参考学习

第 3 章

销售变现

善用线上分销工具，
拥抱运营销售化大趋势

对企业来说,有增长是最重要的,其中最显性的增长就是销售额的增长。

做过线下销售的朋友都知道"转介绍"的威力,尤其是To B模式的业务,每一单的差别很大,客户是否愿意继续和你合作,又是否愿意介绍朋友跟你合作,很大程度上取决于客户关系。所以,我们常说客户关系是销售的第一生产力。

那么,当业务线上化并在微信生态内进行销售,不需要销售人员介入时,分销则成为线上销售的利器,如同线下销售的"转介绍"一样。将产品打散甚至组合成具备分销属性的好产品,设置好用户参与分销的分佣机制,匹配上整个产品分销售卖过程中良好的文案话术,每款产品都可以按照爆款的方式去售卖。

线上分销最为关键的一个核心是,分销者收益是否即刻可见、可得。课程产品、咨询服务性产品,甚至是涉及物流的产品都可以采用即时到账的线上分销模式。分销者因为体会到简单的分享动作便能获得实时返佣的快感,更激发了分销者的参与感和分享意愿。每位用户既是产品服务的消费者,又是产品服务的销售者。

产品分销的裂变流程如图3-1所示。

图3-1 产品分销的裂变实操流程图

除了分销方法，近些年比较火爆的"拼团"方法同样适用于很多行业，多人参团享受优惠价，进而提高单次成交总金额。拼团的裂变流程如图3-2所示。

图3-2 拼团的裂变实操流程图

拼团时可以有针对性地给团长专属优惠，让团长帮你在自己的朋友圈做信任背书，撬动客户的朋友圈，让老客户主动帮你带新客户。

在本章中，你将学到以下内容：

3.1 善用分销：利益刺激，刷爆朋友圈

3.2 特惠拼团：老带新机制，活动收益翻倍

3.3 直播变现：直播平台选择与通用话术技巧

3.4 分销裂变经典案例复盘拆解

关于分销裂变、拼团裂变、微信生态直播的方法，将会在本章中详细论述。期待看完这本书的你，拥有更强的"变现能力"。

3.1
善用分销：利益刺激，刷爆朋友圈

什么是分销？按字面拆解，分销就是"分裂+销售"。企业尽最大的努力分裂出更多的终端去占领市场，扩大规模，实现更多的盈利。本质上是通过一定的佣金利益促使用户主动传播，将用户变成一个又一个触点，触达他们的社交关系链，以实现最大化的曝光和盈利。

1. 为什么要做分销

（1）流量贵：广告投放费用高昂

移动互联网发展到现在，流量红利期已经逐渐消失。线下广告、线上广告、渠道推广等流量获取方式的成本越来越高，分销裂变通过用户主动传播获取推广奖励的方式，节省了非常多的推广成本。

（2）传播广：基于微信生态圈传播

微信月活已超12亿，在其庞大的生态圈里，人人都可以是活动传播者。分销裂变恰恰就是基于用户的社交关系链开展的，用户可生成当前商品的专属推广海报，其他用户通过此海报购买产品时，当前用户可以获得一定的佣金。分销是集推广与变现为一体的，在获得收入的同时，用户也帮着做了推广，形成"购买—邀请—再购买—再邀请"的链条，现金实时到账，资金迅速回流。

一个普适性较强的商品加上有吸引力的分销奖励金额，可以快速引爆目标用户群的朋友圈，传播范围非常广。

(3) 收益高：沉淀优质私域客户

在微信生态内开展分销裂变活动时，付费用户可无缝导流至个人号或社群，这就帮助企业沉淀了优质的私域客户池。

私域流量可免费、自主做广告投放，而不是"打一次广告交一次钱"，这就可以帮助我们提升产品的复购率，让客户"留下来"反复消费甚至是终生消费。私域流量池的运营，可以进一步帮助品牌提升竞争力，通过与客户的亲密联系，塑造独一无二的品牌人设，所以也有人说，私域流量是品牌的护城河。

从2019年到2020年，基于微信生态内的多种私域打法已经被反复验证，做好私域客户的运营，是非常具有长期价值的事情。

2. 分销裂变的用户传播路径

- 用户在商品页面生成自己的海报
- 用户将海报分享到朋友圈、群等，邀请好友购买
- 好友扫码进入并购买成功后，该用户立即收到返现佣金
- 好友购买成功之后跳转个人号、社群二维码等中间页面

具体的用户传播路径如图3-3所示。

图3-3 分销裂变的用户传播路径图

3. 怎样做分销裂变

如今的分销裂变方法已经十分成熟，小裂变也开发了非常完善的分销裂变系统，在此直接介绍分销裂变活动的创建流程。按照简单的四个步骤，就可以创建好分销活动。

（1）设置商品信息

在这个环节里，需要设置商品的基本信息（封面、名称、规格、简介等）和客服信息，具体设置如图3-4所示。

图3-4 设置分销商品基本信息

（2）设置分销信息

设置商品的原价、特价、分销等级（最多二级）、分销佣金，具体设置如图3-5所示。

图3-5 设置分销信息

(3) 设置分销海报

分销海报是分销活动的"灵魂",上传制作好的海报后,可在海报上放置用户头像、用户昵称、带参二维码等信息,具体设置如图3-6所示。

图3-6 设置分销海报

(4) 设置购买后页面

此处能设置用户购买后跳转页面,可以是个人号二维码、社群二维码、核销码、自定义页面等,具体设置如图3-7所示。

图3-7 设置购买后页面

此处建议放置个人号二维码,发放奖品的同时将用户引流到个人号或社群,沉淀私域流量池。

在后面的章节中,我们还将给大家分享分销裂变的实操案例,期待大家采用分销裂变的方法实现快速变现。

4. 深度复盘:如何运用分销裂变方法运营私域流量

最近"私域流量"这个词依旧热度不减,经常有客户说:想做私域流量,私域流量转化率高。

在流量获取难、慢、贵的当下,流量的获取和转化一样重要。怎样能让有限流量的转化效果叠加、翻倍、无限提高?用户拉新是第一步,紧随其后的就是运营转化。下面给大家介绍一种高效的运营转化方法——分销。

你将收获以下干货内容：

- 分销裂变是什么，它有哪些基础方法和适用场景
- 如何从零开始策划一场分销裂变活动
- 分销裂变活动成功的关键要素和经验总结
- 最新分销活动案例库及分销裂变系统免费使用权
- 复制方法，完整操盘一场分销裂变活动

希望你看完以下内容，可以拥有丰富的分销思维和分销实操的基础能力。

（1）关于分销

①分销是什么

所谓分销，简单来说是借助你的现有人脉帮你传播，帮你售卖东西。借助分销系统，每个用户都可以生成自己的推广海报，借助海报去推广、分享这个产品或活动。

只要有人通过他们的专属海报扫码下单，用户就能得到一定比例的返现佣金，佣金的比例由活动主办方来制订。

②为什么要做分销

分销可以让活动传播得更广，让产品售卖转化的效果更佳。

六度空间理论告诉我们，在地球上任何两个陌生人之间建立联系，相隔不超过六个人。也就是说，在理想的状态下，我们最多通过六次传播，就可以将活动触达到任意一个潜在用户。

分销的神奇之处恰恰就在于，用户可以自己购买，也可以分享挣钱，直接的现金利益刺激可以促进用户去主动传播活动。

每个人的微信号其实都是一个能量巨大的私域流量池，在现有用户的朋友圈里，有更多潜在用户。分销就是帮你起底现有用户的朋友圈，从而让现

有的渠道、人脉资源转化效果翻倍。

举个例子，一门线上课程定价为 199 元，如果主办方只做课程的宣发与直销，1000 个人购买，净收益为 19.9 万元。如果纳入分销机制，设置分销奖励金为 100 元，那么如果有 200 个用户分销成功（暂且不论二次分销），总收益将会变成 21.88 万元，净收益将会直接增加 1.98 元。

分销 = 收益更大化

这就是市面上绝大多数的课程售卖活动，价格从 9.9 元到 499 元，基本都会引入分销机制的原因。

如图 3-8 所示，这些熟悉的刷屏海报，其实都是分销裂变活动。

图 3-8　刷屏分销裂变活动海报

③分销有哪些适用场景

从使用者的角度来看，分销适合一切有产品、有业务的企业或个人。

从具体的售卖场景来看，分销适用但不仅限于以下场景：

- 分销群裂变

方法介绍：包装社群，赋予社群某种独特的高价值，如连接高端人脉、进群听课、进群抽大奖。从而设置一个进群的付费门槛，让社群在有价值的同时，也有价格。用户进群后，可引导群成员进一步做分销，吸引更多用户付费进群。

注意：一般建议在用户支付后引导添加个人号，个人号再邀请进群，实现流量的双重沉淀。需要注意的是，在活动期间为防止群成员私自拉人入群，需要开启邀请验证。

- 课程分销

方法介绍：知识付费方兴未艾，买课成为人们自我提升的常见途径，在腰包越来越瘪的同时，赚回学费的需求也十分迫切。不管你的课程是面向什么样的人群，单价是高是低，设置一个分销返现的环节可能利大于弊。随手分享就能赚钱，用户何乐而不为呢？

注意：课程分销要注意分销页面内的引导，更要注意对已下单用户的分销引导。作为产品的忠实用户，大家分享课程会更加积极热情，带来的转化效果也更佳。

- 产品分销

方法介绍：社交电商"自用省钱、分享赚钱"的理念已经深入人心，相对于动辄开发成本上万元的分销商城，单品分销更容易打造爆品。

价格适中、整体包装精美、利润高的产品更适合做分销，比如医美行业的水光针项目、各类运营"地图"，都适合做分销。

- 代理招募

方法介绍：简单来说，就是将代理权包装成为有价值的商品，现有用户可以自己购买成为代理，也可以转发活动海报，邀请身边其他有需求的朋友购买成为代理，自己获取返现，一般常见于 To B 的业务。

注意：代理权与课程、实体产品的性质差异较大，所以在分销的页面设计中，一定要写清楚代理的权限与福利，运用多重背书，增强用户的信任感。

- 其他创意活动

对于活动报名、定金支付、支付对赌等活动，只要脑洞够大、创意够好，几乎一切营销推广活动都可以结合分销来做。无分享、不刷屏，无分销、不刷屏。

（2）如何发起分销活动

了解了分销的基础概念与使用场景，相信大家也迫不及待想尝试做一场分销活动，同时，你也许会有各种担心和顾虑。新手真的能独立操盘分销活动吗？答案是当然可以。

分销入门门槛低、操作配置简单。即便今天是你第一次听说分销，明天也完全可以独立策划活动。

2019年5月，小裂变发起了一场裂变实操资料分销活动，这是我们做的第一款To C的平价产品（初始定价为39元）。24小时内销售量破2000份。

下面我就带大家一起详细复盘裂变实操资料的分销流程，这个方法完全可复制。

活动前

①活动策划

在活动策划阶段，我们要明确分销活动产品及定价、返现佣金等核心问题，同时确认好活动推广时间、宣发渠道等关联问题。

以本次分销活动为例，在活动策划阶段，团队就确定了以下内容：

- 活动产品：裂变实操资料
- 分销定价：39元（每满千人上浮10元）
- 返现比例：50%
- 宣发渠道：小裂变公众号及增长顾问个人号
- 启动时间：5月中旬

- 销售目标：2000 份
- 其他目标：个人号引流

②物料筹备

活动基本策划完成后，就要根据产品内容和策划内容准备相关的物料。对于分销裂变活动而言，最基本的就是拟定各类文案，并制作相关海报图。

如果公司有专业的设计师，可以将海报文案交给设计师排版设计。如果缺乏专业设计人员，可选择懒设计、创客贴等在线设计平台。

由于本次活动的目标之一是导流个人号，所以在物料准备上，我们额外准备了个人微信号与收集用户信息的表单。总体如下：

- 活动海报：含产品图、海报图、详情图
- 分销裂变系统：小裂变分销裂变系统
- 活动文案：公众号文章、朋友圈文案、一对一群发文案、引导分销文案
- 承接流量的个人微信号
- 收集下单用户信息的表单

活动中

5 月 10 日晚 8 点左右，按照原定计划，团队开始进行朋友圈推广与公众号推文。在整个活动推广的过程中，我们遇到了一些问题，也做出了一些即时性的应对动作。

首先是公众号文章的即时阅读量和转化效果不如预期，公众号文章的阅读量攀升速度较往期文章慢了不少。

考虑到周五的时间节点，很多运营的小伙伴们可能还在外逛街、吃饭，于是我们将一对一群发的时间延迟到了 8 点 40 分，文案上传递了限量、超值、先到先得等关键点。

由于微信群发的限制，当晚每位增长顾问都只群发了 1000 余位好友。

很快，微信收款的声音越来越密集。大约 10 点，负责承接购买用户的同事反馈，已购买用户对于分销的方法和操作还不够熟悉，只有简单的文案引导，部分用户还是不知道如何参与分销。

于是，我们拿出事先准备好的流程图，发送给已经购买的用户，反馈效果非常好。

10 点 30 分左右，朋友圈开始陆陆续续出现分享的海报图，活动开始自发裂变。

与此同时，承接流量的个人微信号已经达到当日好友通过上限，紧急更换微信号后，新号继续引导用户分销。

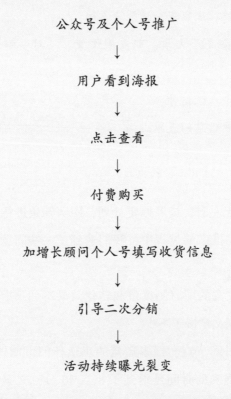

至此，本次分销活动已经进入了一个良性的自发裂变阶段，接下来主要

是做好已购买用户的信息收集与分销引导，同时配合朋友圈推送，进一步扩大活动曝光量。

活动后

看到这里，你是不是觉得做一场分销活动也没那么难，简单来说就是海报转发而已。回顾分销活动的全流程，不乏意外的收获与惊喜，同时，我们也总结出了很多可优化的细节。

① 活动目标回顾

本次分销活动完成了既定的销量目标与导流个人号的目标（个人号引流新好友约 3000 人）。

此外，从 5 月到 8 月，接连有不少客户选择了小裂变分销裂变系统开展活动，其中不少是当时购买了裂变实操资料的客户。

这恰恰验证了分销活动不仅可以带来即时的业务转化，更能够帮助引流、筛选优质客户。不论是 To C 还是 To B，分销活动引流来的用户，后续都有极高的复购、合作的概率。

② 复盘可优化环节

- 推广时间不合适——在周五的时间节点用户积极性不高，周六、周日不便打扰用户，影响活动曝光
- 个人号未做活码设置——导致单个同事操作压力过大，通过好友速度较慢，影响用户体验
- 未给分销用户分发朋友圈推广文案——导致部分分销用户发朋友圈只发一张海报图，缺乏有吸引力的文案，影响朋友圈海报点开率及分销转化效果
- 书籍库存量不足导致发货延迟——错误预估首批销售量，库存不足导致发货延迟，影响用户体验

- 第二批样品质量不过关，与印刷厂产生退货纠缠——损失钱财的同时，更加重了发货延迟的问题
- 附赠课程发放不够及时——拉群发放附增课程的方法不够高效，影响用户体验

（3）经验总结：分销活动成功的关键

在做完一场活动后，首先应该做的就是复盘。想做一场成功的分销裂变活动，请密切注意以下几个问题：

①选品定价："平价"为先，定价定生死

此处的"平价"是一个相对的概念，是相对于自身的产品和业务而言。用自家产品中相对低价的产品做分销引流，从而获取目标客户，为日后的高客单价产品发售作铺垫。

以小裂变客户活动为例，线下医疗美容医院用价格99元的"无针"水光针作为分销单品、某考研机构以价值49元的刷题小程序为分销单品。用户面对低价产品，考虑时间更短，下单更快。

29、39、49、59、69、79、89、99，这些都是裂变活动中的常见定价数值。一旦产品定价超过49元，在用户直观感受中，产品便是近百元，考虑的时间也会更长。

分销裂变活动往往是定价定生死，合理评估产品价值，综合考虑产品成本、分销返现金额、合理利润空间，从而制定合适的价格，是最重要的第一步。

②选品要包装：痛点＋卖点

了解用户的需求和痛点，才能更好地打造自己的卖点。只有真正戳中用户痛点的产品，才能激起目标用户下单的欲望。

比如在暑假期间推出一款平价课程，再辅之以优质的文案和大咖背书，就很好地解决了家长群体"孩子暑假不学习"的痛点。

③流程需闭环，着重引导二次分销

在分销活动正式推出前，一定要做全流程测试。整个分销活动的流程一定要顺畅、完整，从活动曝光到用户下单，整个环节都需要设置好。

客户购前有问题需要咨询客服、客户下单后需要服务承接、引导客户分销则最好图文结合。不仅教会用户怎样做二次分销，细致的推广文案也一起推送给用户，最大程度降低用户的操作成本。

④选择合适的工具，熟悉操作

在分销活动的过程中，可能随时需要修改文案、链接、图片等内容，提前熟悉系统的操作是非常有必要的。

如果自身对系统的熟悉程度有限，一定要在活动正式上线前与工具服务商做好沟通，必要时可请求帮助。

⑤选择合适的发售时间

如何选择合适的发售时间？选择目标客户群空闲的时间。

举个例子来说，如果你的目标群是都市白领，那么早晚高峰、午间就餐时间都是合适的，且周一、周二是普通上班族对工作、自我提升热情较高的时期。

⑥选择优质的分发渠道

如果自身的流量渠道充沛，可以选择基于自有渠道推送；如自有渠道较为匮乏，可选择公众号、社群、KOL朋友圈做投放。在此提醒大家一下，多渠道投放务必使用单独的活动链接，以便于评测渠道效果。

⑦选择最合适的分销方法

分销可结合多种创意方法开展，如二级分销、组队方法、对赌方法。但一切花样方法都是服务于"收益最大化"这个直接目标，无需过分追求方法上的花哨，毕竟长期的业务增长才是硬道理。

近期看到了不少组队分销方法，其中不乏为了组队排名奖励而"刷销量"的例子。

微信有 12 亿月活量，是天然的社交市场。裂变有十字诀：帮、拼、砍、集、比、邀、炫、送、抢、赚。

分销恰恰是利用了其中的"赚"字。分销裂变的方法之所以高效，不仅是因为把握了人性中对于利益的向往，更是基于微信生态，将人际传播中的口碑传播提前化，是利己更是利他的方式。

回顾成功的分销裂变活动，普遍有着远超"价格"的"价值展示"，如何打造产品的核心价值，让用户有"超赚超惊喜"的体验，是操盘者需要考虑的核心问题。

3.2
特惠拼团：老带新机制，活动收益翻倍

说到拼团，你会想到什么？

我猜一定是美团和拼多多。所谓团购，就是多个人以优惠价格购买同一种商品的行为，因为采购的数量多，均摊成本，商家便可进行让利，把价格降下来。

我们讲的是拼多多式的拼团裂变方法，与美团的陌生人拼单不同，拼多多最开始的方法是利用了微信生态用户的社交关系链，其目的是快速增加销量或扩大平台用户数量，这是一种较为有效的营销方式。正是这看似简单的

拼团方法，帮助拼多多短短三年就在美国上市，成为互联网行业新贵，市值一度紧逼京东成为国内第三大电商平台。

1. 拼团有什么好处

（1）用户拉新动力足

作为拼团发起人（即团长），为了获取优惠的购买价格，会主动帮助活动主办方拉新，邀请新人组团同享优惠，用户拉新动力非常足。

（2）提高单次交易额

比如，产品是一盆多肉植物，用户为了降低自己的购买成本，会主动邀约朋友进行购买。朋友本身没有这个需求，看到多肉植物之后比较喜欢，也就产生了新的需求。这就通过多人拼团提升了单次交易额，提升了企业利润。

（3）沉淀私域流量

对于一个拼团活动中新进入的"团员"，企业可以主动将其引流至社群或个人号，进行长期的运营转化，挖掘更长生命周期中的用户成交价值。

2. 拼团裂变的用户传播路径

- 用户进入商品页面，选择拼团购买
- 购买成功后，生成海报邀请好友参团购买
- 其他用户支付成功后即拼团成功
- 拼团成功之后跳转个人号、社群二维码等中间页面

拼团裂变的用户传播路径如图3-9所示。

图 3-9　拼团裂变的用户传播路径图

3. 怎样做拼团

从美团到拼多多再到现在的社交电商，拼团方法已经越来越完善，下面以小裂变的裂变系统为例做活动配置讲解。

（1）设置商品信息

设置商品的基本信息（封面、名称、规格、简介等）和客服信息。根据你的品牌和商品风格进行打造，内容优质程度决定了用户的购买意愿，具体设置如图 3-10 所示。

图 3-10　设置拼团商品基本信息

（2）设置拼团信息

设置商品的原价、拼团人数、拼团时限、拼团价格、在线凑团、海报等信息，如图 3-11 所示。

图 3-11　设置拼团信息

（3）设置裂变海报

设置裂变海报如图 3-12 所示。

图 3-12　设置拼团海报

（4）设置购买后页面

用户购买后跳转页面，可以是个人号二维码、社群二维码、核销码、自定义页面等，如图3-13所示。

图3-13　设置购买后页面

以上就是拼团裂变方法的配置流程，你学会了吗？

3.3
直播变现：直播平台选择与通用话术技巧

淘宝、抖音、快手、微博、小红书、蘑菇街……

2020年伊始，各大平台均大力发展直播电商领域，平台也投入了大量补贴，在直播电商爆发的2020年，人人都想分一杯羹。

如图3-14所示，小红书在2020年第一季度推出直播激励政策。

> **小红书推出100亿流量扶植计划，直播化视频化加速**
>
> 「4月23日，小红书通过直播举办了创作者云开放日。会上，小红书创作号负责人杰斯透露，接下来将推出100亿流量向上计划，聚集视频创作者、直播创作者以及泛知识、泛娱乐品类创作者做定向扶持。」

图3-14　小红书推出流量扶持计划

微信生态内的直播分为看点直播、小程序直播及企业微信直播。

1. 看点直播

（1）看点直播介绍

看点直播是腾讯旗下的直播类小程序，也是目前在微信生态内企业经常使用的直播小程序。

腾讯直播 App 作为开播端，供企业进行直播（需申请入驻后方可直播）。看点直播小程序则作为观看端，供观众订阅、观看、回放商家直播。

（2）看点直播优势

①无需技术开发

看点直播无需复杂的技术开发，商家下载腾讯直播 App 即可发起直播。

②直播带货方便

商家只需入驻看点直播合作服务商（如微店、LOOK、SEE 小店铺或 WeStock 等），将店铺同步绑定看点直播账号，并关联商品，即可实现直播带货。

③用户观看方便

用户在微信内即可通过扫描小程序码、点击小程序卡片等方式进入观看直播，无需下载 App。

背靠微信的 12 亿月活量，在这个巨大的私域流量池中，企业能够在直播带货领域大展拳脚。

④直播订阅提醒

用户在观看本场直播时，也可以预约下一场直播，用户会在开播时直接收到开播提醒，直接点击进入直播。

⑤沉淀私域流量

企业在进行直播的过程中，页面可引流关注公众号。也可以通过二维码展示，引导用户添加社群、个人微信号，在微信内这样的引流做法是完全被允许的，通过直播中的引流操作，将用户沉淀至私域流量池做进一步的转化与长期维护。

2. 小程序直播

（1）小程序直播介绍

小程序直播是微信官方在 2020 年 2 月公测推出的功能，帮助商家在自有小程序中实现直播互动与商品销售闭环，属于提供给小程序电商运营者的效率转化工具，帮助商家通过运营直播内容提升销售转化效率。

2020 年的三八国际妇女节，罗莱家纺就使用小程序直播的功能做了一场非常成功的线上直播带货，超过 10 万人观看了直播，成交总额超过了 1000 万元。

（2）小程序直播接入指南

①创建一个小程序

直播需要基于小程序，如还未创建小程序，可按流程指引创建并开发。

②登录小程序后台

https：//mp.weixin.qq.com。

③直播开通申请

点击小程序 – 功能 – 直播。

④点击开通，查看权限

（3）小程序直播特点

①流量私有化

不同于看点直播，由于小程序直播是基于自身小程序内开发的直播功能，故用户观看直播也是在企业自有小程序内进行，这就使观看直播的用户都进入了企业小程序，后续可针对直播用户做针对性的促活、转化。

② 直播入口更丰富

据微信官方文档说明，小程序直播有以下入口：

- 房间直接分享
- 房间码分享
- 小程序卡片、文字链分享
- 公众号菜单栏
- 搜索官方区直播提醒
- 小程序内展示
- 订阅开播提醒，直播倒计时

3. 企业微信直播

（1）企业微信直播介绍

除看点直播、小程序直播外，在微信生态内，企业微信直播在微信生态内同样有良好的体验。

基于企业微信，商家可在电脑端或手机端随时发起直播，可开启回放，可限制仅企业用户观看，如图 3–15 所示。

图 3–15　企业微信发起直播页面

（2）企业微信直播优势

①无需开发，无需申请

只需成为企业微信用户即可开播，无需申请，门槛低。

②用户观看方便

企业微信直播同样支持在微信端直接打开，电脑端、手机端均可进行观看。

③视频互动增加趣味性

企业微信直播可邀请观众进行音频或视频发言，互动性、趣味性很强。

④私密性强

企业微信直播可限定仅企业用户观看，适用于企业内部的直播场景。

4. 如何策划一场线上直播活动

对于普通的新媒体运营人员来说，日常接触直播电商的机会偏少，对于如何策划一场电商直播活动，更是没有完整的思路。下面就带大家一起来梳理如何系统地策划一场直播活动，并通过直播中的运营达到变现的目的。

（1）平台、工具选择

通常有以下直播平台、工具可选，如表3-1所示。

表3-1 直播平台、工具一览表

平台类型	典型代表	特点
社交直播平台	陌陌 花椒 一直播	主打交友、交流，适合个人主播入驻
游戏直播平台	熊猫 斗鱼 龙珠	主打游戏直播，适合个人主播入驻
购物直播平台	淘宝 快手 抖音	主打商品展示与售卖，适合企业入驻
微信内直播工具	看点直播 小程序直播 企业微信直播	手机微信内即可打开，便于沉淀私域流量

（2） 直播定位与受众分析

当我们选定了直播平台，就需要基于平台做好自己的直播定位与受众分析，将产品与平台用户（观众）连接起来，通过主播的直播运营，达到良好的转化效果，如表3-2所示。

表3-2 直播定位与受众分析表

第1步	明确自身定位	自我简介	• 企业 • 提供服务 • 特色特点
第2步	用户画像分析	用户特征与需求分析	• 用户年龄 • 用户性别 • 所在地区 • 职业分布 • 显性需求 • 隐形需求
第3步	产品核心梳理	产品核心卖点与优势	• 产品功效 • 核心特色 • 价格优势 • 品牌背书
第4步	用户与产品匹配	销售预梳理	• 销售流程梳理 • 话术整理 • 效果预期

（3） 直播前准备

①定直播人员与分工

分工可参考表3-3。

表3-3 直播人员分工表

工作人员	主要职能	是否必须
总负责人	直播总负责人，把控整体进度及数据	是
主播	主导产品讲解，促成用户下单	是
辅播（助理）	辅助主播答疑、展示商品、回复粉丝评论等	否

（续）

工作人员	主要职能	是否必须
商品运营	负责直播前中后商品的各项运营，如价格谈判、补货加货、数据总结	是
场务人员	负责直播现场设备、灯光、环境秩序的维持	否

②做好设备调试与测试

具体调试项目如表3-4所示。同时要保证直播现场安静，无杂音、无闲杂人等。

表3-4 直播设备调试记录表

灯光	亮度充足，展示商品效果佳
音箱	收音情况良好
手机	网络情况良好，影像清晰

（4）直播中运营

①多多互动，多送福利

- 开场抽奖（正式开播前做抽奖，调动粉丝积极性，使得更多粉丝准点上线看直播）
- 截屏抽奖（每到整点截屏抽取大奖，可增加刷口号的设置）
- 秒杀商品（放出部分特惠商品，如1分钱限量秒杀100份商品）

②关注留言，及时回复

- 关注粉丝留言，从中挖掘粉丝潜在需求
- 及时回复疑问，尤其是关于商品质量的问题，避免粉丝误会

③预告+总结，提高效率

- 开播前可系统讲解本场直播流程，主要商品及特色
- 直播结束前可梳理本场直播产品，预告下场直播的主题、时间等

(5) 直播后复盘

具体复盘项目如表 3-5 所示。

表 3-5 直播复盘表

核心数据复盘	在线人数	总观看人数、最高在线人数等
	互动数据	评论、转发、关注数等
	商品数据	销售量、销售额、销售速度、选品优化
直播人员复盘	主播话术	粉丝反应、可优化点
	介绍流程	介绍完整度、可优化点
	部门配合	流畅程度、及时反馈

附

直播带货通用 11 大套路与话术示例

1. 重点展示产品细节

人的五感分为：视觉、听觉、嗅觉、味觉、触觉。直播带货与线下交易不同，消费者无法触摸、实地体验产品，只能通过直播镜头来感受产品的方方面面，因此产品细节的展示就尤为重要。

以食物类产品为例，除了结合吃播外，还要记得"给镜头吃一口"。主播吃得香，观众看得到美食却吃不到，自然心痒难耐，快速下单。

2. 强调主播自用或自己喜欢

视频直播带货时，相对于品牌方，观众对主播是更加熟悉与信赖的，主播在卖货中强调自己也是品牌老用户，可以大大提高消费者的信任程度。

如自己一直在用、办公室人手一份、爸爸妈妈都喜欢、已经使用了 x 年了，这类话术都是非常具有信服力的。

3. 熟练运用品牌及名人背书

售卖任何产品，品牌背书都是必备的促进下单的技巧。建议可以从以下方面梳理产品背书元素：

老品牌：如起源于1988年、从小吃到大

超市同款：大超市都有卖的

上市公司：×大牌的新品

明星同款：×明星、名人都在使用、推荐、说想买

销量多：直播间已经卖了×万份了、每年可以卖出×万份

4. 比价报价技巧

在主播做了基本的产品展示后，接下来就是观众最期待也是直播最关键的报价环节。

报价环节同样也有很多的小技巧，如能熟练运用，可以带来非常好的促单、促销量效果。

（1）比较多渠道价格

与超市比、与平时价格比、与"双11"价格比，重点突出直播价格的"超低感觉"。

（2）突出赠品价值

对于一些直播时优惠力度一般的商品，可以突出赠品的价值，如"买一份，送正装一份""相当于是×折"。

（3）多份产品优惠价

通过价格描述突出多买多优惠，如买一份产品49元，买两份69元，买三份99元。

5. 打消质量疑虑

视频直播带货时，观众对于产品质量一定是有担心的，一定要打消观众在产品质量、售后方面的种种疑虑。

如在售卖生鲜类产品时，可以强调冷链运输、变质包赔、无理由退货等。

6. 营造使用场景

观众在观看直播时，最怕的就是买了产品却没有用处。营造具体的使用场景，让显性需求更明显，挖掘未显现的需求，让观众觉得产品"原来还能这样用"。

比如售卖课程类产品，可以说"上班路上听一听""晚上下班学个10分钟"等。当一款产品有了丰富的使用场景，观众就会忍不住想象自己的使用感受和使用以后的改变，这样更容易促成下单。

7. 减轻消费负罪感

看直播的观众都不是单一的个体，而是具有多重社会属性的"人"。人们在购买一些产品时，经常有"太贵了，舍不得买"的情况，这时候就需要主播提供充分恰当的下单理由，促使用户下单。

比如在售卖护肤品时，可以说"辛苦工作是为了什么，就是为了好看呀""辛苦这么久，是时候对自己好一点了""不花钱，挣钱还有什么意义"。

8. 限量发售

强调直播商品限时限量，只在直播间有这个价格，并且限量多少份，拍完就没有了。

可以根据商品情况分批次释放库存，如在第一波库存拍完后，再临时加货，也可营造出商品非常受欢迎的氛围，刺激更多观望中的用户二次下单。

如："最后1万份，拍完就没有了哦，拍完就加不了了。"

9. 主播1+1搭配

主播和直播助理共同出场已经基本成为直播间标配。一人主讲、一人补充展示，这样既可以照顾到观众留言，及时做出反馈调整，也可以让整个直播更加自然、亲切，仿佛朋友间的家常聊天。

10. 直播环境营造

营造干净整洁、适合直播场景的直播环境，给观众视觉上的良好体验，主播也需着装得体、发音清晰。

11. 提前预告产品，吊胃口

在正式开播前，可通过前一天预告，以公众号文章、朋友圈预告的形式，提前剧透将要直播的产品，吊起观众的好奇心。

3.4
分销裂变经典案例复盘拆解

案例1：亚马逊运营地图分销活动

（1）行业背景

针对亚马逊卖家店铺运营环节的**数据分析平台**，主要向用户提供专业的数据分析及资讯。

（2）分销活动主题

2019年亚马逊运营地图第二波已抢空，年终最后一波加量发售！

（3）分销裂变四大关键点

①分销产品

分销产品是亚马逊运营地图。地图属于实体类产品，在2019年极具热点效应，强品牌背书进一步提高了用户信任度。产品既迎合了该平台受众的需求，也具有一定的实用价值，非常适合进行分销售卖。

②分销规则

分销产品原价为99元，现价为59元，用户每邀请一位好友就可获得30元分销佣金。本次分销活动佣金设置为30元，给予了用户较高的奖励，有利于刺激用户进行迅速传播推广活动。

③分销海报

分销海报如图3-16所示。

● 用户身份：给予用户专属头像肯定，邀请式的文案增加了与用户的互动，促成转化

● 海报主题："0元"字眼直击用户痛点，刺激用户参与分享

● 产品描述：简单罗列产品内容，突出卖点、优势，数字更能使用户直观清晰地了解并参与活动

● 海报风格：风格简单大方，蓝白配色鲜明醒目

④推广渠道

可多渠道进行推广，活动海报、活动链接双管齐下。

图3-16 活动海报

（4）分销裂变技巧

①分销工具

本次分销活动基于小裂变裂变店铺系统开展。该系统是小裂变旗下为企业或个人提供的一款系统化、专业化的流量转化变现分销系统，可配合公众号裂变系统完成从涨粉到变现的全套流程。

②分销系统设置

● 页面大标题极具"煽动性"，促使用户加紧购买、传播分享

● 展示高清封面图、详情图细节，突出地图价值

（5）效果分析

①整体效果

活动累计销售额突破14万元，具体数据如图3-17所示。

图 3-17　活动数据

② 数据分析

本次活动付费用户达到 2697 人，总付费金额达到 14.5 万元，较常规推广效果更佳。

案例 2：7 天训练营 4 天成交 2100 多单

（1）行业背景

该平台主要提供有关女性健康技术、生活美容、保健品、化妆品咨询服务和相关课程。

（2）分销活动主题

乳圣堂商业大学 7 天训练营

（3）分销裂变四大关键点

① 分销产品

该平台本次分销产品是为期 7 天的催乳师训练营，属于虚拟类课程产品。7 天课程分别有 5 位讲师讲课，课程内容丰富、讲师资历深厚，品牌在业内知名度较高。

② 分销规则

该 7 天的训练营课程原价为 1999 元，现价为 69.9 元，设置一个较高的原价和一个差距较大的现价，可以对用户产生"赚到了"的心理作用，促进成交。但是在借鉴这样的规则配置时，不可将原价和现价差距拉得过分大，否则会让用户产生不信任感，适得其反。

本次活动的分销佣金设置为二级返佣制度，一级佣金为 30 元，二级佣金为 20 元，佣金总和超过购买价格的 70%，能最大程度提高用户分销和传播产品的动力。

③分销海报

本次活动海报如图 3-18 所示。

● 海报主题：该海报主题较为明确，没有过多赘述

● 奖品描述：通过四条提问展示训练营课程的主要内容，让用户直观感受到所能获得的回报

● 奖品价值：在海报上直接体现了产品原价和现价，刺激用户付费

● 品牌背书：海报上放置了课程讲师的形象和品牌标识，让用户产生信任感

● 海报风格、字体：该海报整体风格鲜亮，较为吸引人，但是海报字体多变，颜色较多，使得海报不够简洁

图 3-18　活动海报

④推广渠道

通过公众号文章和个人号朋友圈传播分销海报，粉丝基数大，效果较好。

（4）分销裂变技巧

①分销工具

本次分销活动基于小裂变裂变店铺系统开展。

②分销系统设置

封面图兼具了品牌背书和讲师形象的展示，内容详情页展现产品可靠程度和价值。排行榜参与人数设置和合理的分销价格设置，促进用户付费。课

程介绍页面如图3-19所示。

(5) 效果分析

①整体效果

下单用户数量突破2100人,具体如图3-20所示。

②数据分析

UV:指活动期间实际访问用户人数。

PV:指活动期间访问用户人次,包括单个用户多次访问次数,刷新页面次数等。

下单总数:指活动期间所有用户下单购买分销产品的订单量。

活动购买率 = 下单总数/UV × 100% = 2110 ÷ 5987 × 100% = 35.2%,每2~3个访问用户中就有一人下单,购买转化率较高,活动效果较好。

单个用户平均访问次数 = PV/UV = 23772 ÷ 5987 ≈ 4,即平均每位访问用户打开页面的次数为4次(反复打开查看活动),说明活动吸引力较大,活动效果较好。

图3-19 课程介绍页面

◎ UV	↑ PV	★ 下单总数
5987	23772	2110

图3-20 活动数据

③活动可优化点

● 活动海报制作风格更简洁,海报头部可添加邀请式引导语

● 渠道推广上可多渠道宣发,寻找更多KOL参与推广,凭借活动本身的超高转化率,付费用户数可再上一个台阶

* 本章部分图片来自于合作伙伴,仅供参考学习

客户管理

第4章

从"私域流量"到"私域留量",科学管理存量客户

"私域流量"火了一年多，也许会继续火下去，但我们更喜欢称之为"私域留量"。虽然"私域留量"与"私域流量"仅有一字之差，但是背后是不同的客户管理逻辑。

在本章中，你将学到以下内容：

4.1　原微信客户管理状况与弊端

4.2　最新发布：企业微信核心版操作手册

4.3　企业微信客户管理实操指南

本章将围绕微信、企业微信的使用展开，与大家共同探讨新时期的高效客户管理之道。

4.1 原微信客户管理状况与弊端

近年来,随着各大平台的获客成本越来越高,能够免费、自主、反复触达用户的私域流量受到了广泛关注。大家是否思考过,为什么微信会成为企业沉淀、管理私域流量的载体呢?从其管理功能可见一斑,如图4-1所示。

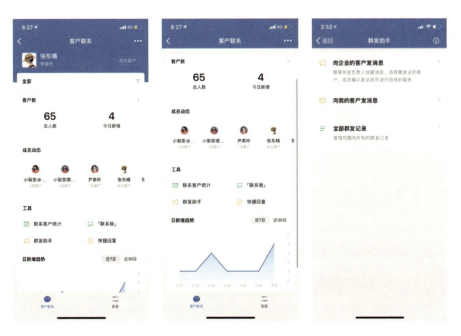

图4-1 企业微信管理功能

1. 为什么用微信管理用户

（1）国民级应用、用户量大

微信有着 12 亿的用户群体，用户的社交关系链都在微信，微信生态就像是一个熟人社区，用户的戒备心低，所以更利于成交。

（2）去中心化、反复触达

商家可以通过公众号、社群、个人号等直接触达用户，不需要经过微信官方的流量分发，就能够随时免费触达用户。

（3）获客成本低、体系完善

微信是一个开放社区，裂变获客、客户跟进、宣传推广、成交变现都可在微信内一站式解决。

2. 微信管理用户的作用

（1）宣传推广、成交转化

企业的公众号、社群、个人号朋友圈的信息可持续触达用户，提供曝光。利用社群和个人号的运营，可与用户持续交流、促进转化。

（2）提供服务

可以用社群和个人号为用户提供服务，比如在群内解答关于产品使用的疑惑，或者在群内直播授课等。

3. 原微信客户管理的弊端

（1）员工离职致用户流失

员工使用私人微信办公、获客、运营客户资源，客户信息都储存在私人账号上，如该员工离职，公司随即会损失大量的客户。

(2) 数据不可视

企业单日新增客户量是多少？销售和客服人员的有效会话数是多少？老客户流失率是多少？这都是从微信无法直接看到的数据。原微信不能将客户运营的数据作精细化分析，管理层无法通过数据分析做进一步的决策判断。

4.2
最新发布：企业微信核心版操作手册

2019 年 12 月，微信发布了企业微信 3.0 版本，企业微信和微信互通，新增添加客户好友、200 人客户群和客户朋友圈三大功能，此次更新很好地弥补了微信之前在客户管理方面的缺憾。

可以肯定的是，2020 年是企业微信客户管理爆发的元年，后续将有越来越多的企业利用企业微信进行客户管理，也会有越来越多的服务商针对企业微信开发管理工具。

企业日常微信号的引流，比较常见的操作有三种：

- 引流到个人号（如物流内单页引流、地推、手机号搜索）
- 引流到社群（如线下店引流）
- 先引流到个人号，然后由个人号导到社群（如完美日记的私域运营方式）

不管是哪种操作方式，都跟社群和个人号本身的功能属性密切相关。我们来看一下，在引流方面，企业微信有哪些优势。

1. 企业微信客户管理的优势

（1）公私分离

微信拥有国内最大的流量，是真正的国民级应用，已经成为国人生活的一部分，人们的社交关系、日常交流都在这个App上。但现在越来越多的商业、利益等元素闯入日常的微信使用场景中，很多企业需要和用户保持长线联系，微信成了最好的选择。你的微信中一定会有你在跟进的客户，你同时也作为客户在别人的好友列表里。大家的朋友圈慢慢地充斥了商业广告，而自己的生活点滴却无处分享。

企业微信的出现便能很好地改善这种情况，企业微信被赋予的使命便是承接个人号的客户管理和营销功能。将日常好友存储在个人微信中，而客户则可以被沉淀到企业微信中。将工作和生活分离，自己的朋友圈分享个人日常要表达的内容，企业微信则用来更新营销推广的内容。

（2）管理功能强大

相比于个人微信号，企业微信拥有更多的管理功能，更方便我们进行客户服务和管理。

①活码功能

企业管理员可以选择多个社群二维码或个人号生成一个二维码，用户扫码之后会随机分配到一个群内（或添加一个人的好友）。此二维码永久有效，而普通微信群二维码的有效期只有七天。

②自动回复功能

添加上个人号好友或加入社群，可以像公众号一样弹出自动回复，从而提高客户沟通效率。

③社群自动化管理

俗称社群机器人，可配置关键词，用户@机器人或者业务员，机器人会自动回复设置好的话术。

④数据管理

企业管理员可以看到企业微信内的众多数据，包含每个员工的新增好友数、社群新增人数、聊天情况等，能更好地管理企业，部署发展战略，同时也能更好地督促业务人员。

2. 企业微信使用手册（核心版）

（1）企业微信注册与认证

企业微信目前已支持手机端注册与电脑端注册，其中手机端注册更加便捷高效，在此分别向大家介绍两种注册方法。

①手机端注册

- 下载并打开企业微信App，使用微信登录
- 进行登录授权
- 输入管理员的手机号码及企业邮箱
- 填写公司名称及管理员真实姓名
- 注册成功，可使用企业微信功能

②手机端认证

- 点击我—个人信息—所属企业
- 点击补充资料
- 上传营业执照照片或扫描件，填写营业执照注册号、企业全称、企业简称等相关信息
- 登记管理员实名信息，包括姓名、身份证号、工作邮箱等，提交信息即可

③电脑端注册

使用电脑访问企业微信官网work.weixin.qq.com，点击"立即注册"，如图4-2所示。

图4-2 企业微信注册

填写企业相关信息,包括企业名称、行业类型、人员规模,详见图4-3所示。

图4-3 企业信息填写

提交管理员信息,包括管理员姓名、手机号,并获取及填写手机短信验证码,详见图4-4所示。

图4-4 管理员信息填写

打开微信扫一扫，扫描屏幕上的二维码进行管理员微信绑定。勾选同意并遵守相关协议和隐私政策后，点击注册即可。

接下来，需要在电脑端验证公司主体信息，以获得更多权限。

注册后，管理员可通过管理后台对通讯录、企业应用进行初步管理，若要获得更多使用人数以及更高的管理权限，需要进行主体信息的验证。管理员请前往"管理后台"—"我的企业"—"企业信息"中进行验证操作。

企业微信提供了多种主体验证方式，包括企业微信认证、法定代表人认证、资质证明文件验证，以及通过微信公众平台授权快捷验证等，管理员可根据企业自身情况选择合适的方式。

（2）管理员邀请成员入驻

当企业微信已经注册成功了，接下来要做的是让企业员工加入到企业微信中。

在正式邀请之前，可以先进行企业通讯录的导入。它不仅可以帮你快速组建组织架构，更能提高邀请成员的效率。

①手机端邀请

- 发送微信邀请

设置入口："会话列表"—"加号"（右上角）—"邀请同事"

- 通过添加成员邀请

设置入口："通讯录"—"添加成员"

②电脑端邀请

在"管理后台"首页右下角点击"下载企业微信客户端"，复制下载链接和二维码，将它发送至工作群中，员工通过链接和二维码下载激活后，可直接进入企业微信。企业可以将二维码制作成实体宣传材料，供员工扫描加入，详见图4-5所示。

图 4-5　企业微信的电脑端邀请

（3）员工使用入门

①下载进入流程

企业微信支持 iOS、Android、Windows、Mac 四大平台，电脑和手机消息可实时同步并在云端保存，方便随时查找。

- 下载企业微信手机 App
- 打开企业微信，选择微信登录，完成登录授权
- 完善个人资料，输入手机号码和工作邮箱
- 输入短信验证码或邮箱验证码
- 成功加入你的所属企业，开始使用企业微信

②邀请同事加入

- 成功加入企业后，你可在手机端"我"—"奖励"处生成邀请链接
- 将邀请发送到你的微信工作群或发送给你的同事
- 对方打开你的邀请链接选择加入后，下载企业微信即可使用

（注：以上内容部分参考自企业微信官方使用手册。）

在实际使用的过程中,我们也发现,企业微信与微信的功能互通属性是非常强大的。可以说,企业微信是企业的专属连接器,已具有连接微信生态的能力,在实际工作中也有良好的互通体验。

3. 企业微信与微信的互通

(1) 消息互通

企业成员可直接用企业微信账号添加微信用户为好友,添加后可直接和微信用户互发消息,支持搜索手机号添加。企业员工可生成名片二维码,微信用户也可通过扫码添加企业微信用户。

①如何在企业微信中通过微信添加好友

打开企业微信,在我 – 设置 – 隐私中,开启"接受我在微信收到的好友申请",就可以开启在企业微信中接受微信的好友申请,详见图4-6所示。

当用户微信好友已满5000人,或企业想逐步将员工业务微信号转移至企业微信,可开启此功能以便于导流。

②企业员工与外部联系人可以做哪些沟通

添加外部联系人后,可以进行单人聊天或者多人群聊。目前已支持文本、图片、语音、名片、文件、聊天记录、地理位置、收藏、H5、小程序等的收发。

③关于企业微信社群

● 外部群

外部群是包含了非企业内部人员的群,外部群中的外部成员可以是企业

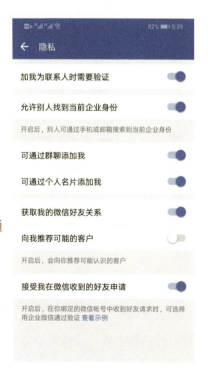

图4-6 开启接受好友功能

微信用户，也可以是微信用户。外部群的人数上限为500人。含微信用户的外部群，如果是微信用户创建的，则人数上限为20人；如果是企业微信用户创建的，人数上限可增加为200人。

- 如何创建企业微信外部群

企业微信手机端消息页右上角功能键"加号"—"发起群聊"，选择一个或多个联系人即可创建，详见图4-7所示。

图4-7 创建外部群

（2）小程序

企业微信移动客户端有内置小程序基础库，只需要做些简单的适配工作，就可将微信小程序移植到企业微信上运行，同时也可以针对企业微信提供的特殊接口开发出更适应于企业内部场景的小程序。

（3）企业支付

只需要绑定已有的微信支付商户号，就可在企业微信内使用支付功能，包括企业对外收款、对外付款和企业微信的特有功能——向员工收款和付款。除此之外,企业微信还提供了一些免开发应用,如二维码收款、向员工发红包等。

(4) 微工作台

用户无需下载企业微信客户端,直接用微信扫码关注微工作台,即可在微信中接收企业通知和使用企业应用。

4. 企业微信客户管理

企业微信成员使用企业微信对接客户,有非常多的实用功能,包含群发功能、快捷回复、欢迎语等,也方便企业对员工客户情况做统一管理,员工离职后该员工客户线索可重新进行分配。

(1) 编辑对外名片

可以通过手机版企业微信–我–对外名片–点击"编辑"按钮,即可编辑对外名片的样式以及对外信息。编辑完毕后点击"确定"即可,详见图4-8所示。

图4-8 编辑对外名片

（2）客户添加

先点击消息栏"加号",再点击"加微信",可通过手机号搜索添加微信或通过扫一扫添加,也可将企业微信名片分享到微信,邀请微信好友进行添加,详见图4-9所示。

（3）其他客户联系功能

企业员工登录企业微信,点开工作台-客户联系,可查看客户数情况、今日新增客户,更有多个效率工具可辅助办公。

图4-9 客户添加

①联系我

"联系我"二维码和按钮,方便客户通过扫码或点击按钮,获取成员联系方式、联系成员,更有单人与多人随机路由模式,可供管理员配置。

②群发助手

可向微信内所有的非本企业好友群发消息,可根据标签选择群发用户,发送一条文字消息+图片、链接、小程序。

③快捷回复

可提前配置多条快捷回复,在与客户聊天的过程中可快速点击回复相应内容。

④欢迎语

管理员端可配置企业微信被添加后自动回复欢迎语,能提高沟通效率,如图4-10所示。

（4）客户群功能

①创建客户群

可一键创建客户群,邀请微信用户进群。

② 客户群群发

可群发消息至所有客户群，可进行群选择，可发送一条文字消息+图片、网页、小程序，如图 4-11 所示。

图 4-10　被添加后自动回复

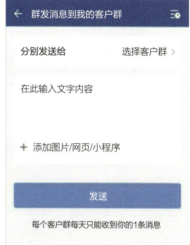

图 4-11　客户群群发页面

（5）客户朋友圈

企业成员每日可推送一条消息至客户朋友圈。

（6）客户管理

①企业超级管理员可以在管理后台"客户联系"—"客户"中查看企业全量的客户列表，并支持导出为 Excel 表格。

②如何分配离职员工的客户线索

从通讯录将离职成员删除后，如果他有已添加的客户，可以在"客户服务"—"配置"—"分配离职成员的客户"中选择已离职成员的客户，分配给其他在职员工继续跟进，如图 4-12、图 4-13 所示。

分配后，离职成员的客户会收到一条切换通知，确认是否愿意切换为新的联系人，具体如图 4-14 所示。

图 4-12　企业微信删除成员页面

图 4-13　分配离职成员客户页面

图 4-14　客户接收通知页面

接替成员可以在"新的客户"—"共享、分配给我的"中看到分配给自己的客户,经过对方确认后可以开始联系。

管理员也可以在手机端"工作台"—"客户联系"—"配置"—"分配离职成员的客户"中对离职成员的客户进行分配。

4.3
企业微信客户管理实操指南

早在 2016 年 8 月，我们小裂变团队就已经是企业微信的服务商，一直没有深度研究其裂变增长规律，很大的因素是早期的企业微信不论是在定位上还是产品功能本身，都像一个 OA 办公产品，对于我们做裂变、做增长的运营人而言，完全看不到可发挥的空间。

直到 2019 年 11 月，我们得知企业微信要召开 3.0 版本的发布会，团队才决定全力进军企业微信领域，因为企业微信在打通微信的基础上，释放了客户联系、客户群、客户朋友圈等众多功能。

企业微信不再是一个对标钉钉的办公产品，而是升级为可沉淀客户数据资产的 SCRM 生态系统。

1. 企业微信的功能真强大

我们认为，阻碍一家公司使用企业微信的原因有两个：

一是基于微信苦心经营的私域流量池无法平滑迁移到企业微信（存量用户的二次价值挖掘）；二是企业微信的功能还不足以让一家公司下定决心将营销获客押注在企业微信上（增量用户的首次价值显现）。所以，当时行业内真正十分看好企业微信的公司并不多。

但是 2020 年上半年，企业微信的频繁更新，以及针对市面上个人微信社群运营工具的洗牌，让我们看到企业微信无比清晰的迭代思路。可以说，企业微信已经把未来想得透透的。

直接给大家看一张图，这是企业微信手机端的工作台页面，如图4-15所示。

通过"客户联系"，连接微信12亿用户，帮助企业更高效地运营私域客户池。

通过"效率工具"，方便企业内部人员进行日常工作安排、会议、处理文档等工作。

通过"内部管理"，解决企业内部日常考勤、审批、汇报等管理性工作。

客户联系、效率工具、内部管理这三个重点模块构建起公司对外连接客户和对内连接员工的宏观视野。尤其是客户联系模块，是企业微信的超级大红利，是整个微信生态的超级流量洼地。

那么，企业微信的哪些功能用起来十分便利呢？分别是客户联系、客户群、客户朋友圈、产品图册与对外收款，能够让客户认识你、了解你、想起你和认可你。

图4-15　企业微信工作台页面

（1）客户联系功能

使用客户联系功能运营好私域客户，**让客户认识你**。

自从微信和企业微信打通之后，微信用户可以通过扫码、群添加主动添加企业微信成员为好友。企业微信被动添加和主动添加客户，都成为毫无门槛的事情。

让海量客户主动添加企业微信成员，点击"企业微信"—"工作台"—"客户联系"—"联系我"，可以生成自己的企业微信二维码，客户随时扫码添加，无需手动通过好友申请，实现自动通过，如图4-16所示。

图4-16 企业微信客户联系功能

有线下门店的企业：可以把企业微信"联系我二维码"印刷在海报和工卡上。

有线上资源的企业：可以把"联系我二维码"放在公众号、官网上，甚至投放朋友圈广告。

值得一提的是，**"联系我二维码"功能拥有活码能力**。

当企业线上线下客源密集，或者在做营销活动时，随着大量客户的涌入，一个人是无法很好地服务好大量新客户的，这时候可以使用"联系我二维码"的"多人码"功能。

配置多个不同员工，客户扫码后随机添加到其中某一位员工，保证再多的客户也能及时送上服务，而且可以实现不重复添加。

这样既可以降低员工的服务压力，同时可以保证对客户的精细化运营管理。

创建企业微信个人号活码如图4-17所示。

图4-17　创建企业微信个人号活码

如何实现客户联系的精细化运营管理呢？

第一步：使用"自动欢迎语"功能，在被动添加完成后，向企业微信好友发送欢迎语，迅速和客户建立服务场景。

从添加客户的那一刻，服务就要开始了。不论是优惠券、会员卡，还是折扣商品链接，都可以设置为欢迎语内容，第一时间发送给客户。

目前，"自动欢迎语"支持发送两条消息，可采用文字消息＋图片、文字消息＋小程序、文字消息＋网页这三种组合形式。

结合小裂变企业微信裂变系统的好友欢迎语功能，还可以给不同部门的不同成员配置不同的欢迎语内容，可以在不同的客户服务场景下灵活使用，如图4-18所示。

图4-18　好友欢迎语功能

第二步：通过"快捷回复"功能，提前设定好快捷语，迅速帮助客户解决问题，定位客户需求。

提前针对产品问题、课程问题、销售流程等相关场景制订好话术，提升与客户沟通的效率，响应更及时，客户体验感也会更好。

目前企业微信快捷语仅支持文字消息，可以结合小裂变企业微信裂变系统设置不同消息类型的快捷语回复，比如图文、文档、链接等。图4-19为快捷语设置与使用功能。

第三步：运用"企业客户标签"功能，对不同需求、不同行业、不同类型的客户进行标签化管理，做到高效分组服务，以提升服务效率和精准度。

设定标签后，自动同步在客户聊天会话窗口。在与客户沟通的过程中，根据客户反馈，给客户制订标签，方便后续批量化管理。图4-20为客户标签编辑页面。

图 4-19 快捷回复功能

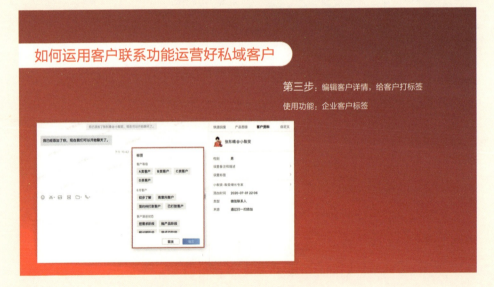

图 4-20 企业客户标签功能

第四步：使用"群发助手"功能日常激活客户，推广产品和服务，深度连接客户。

企业微信非常厉害的地方在于，群发助手可以一次性批量选择 200 个客户群发，不需要像微信一样一个个手动点击选择，更可以选择指定标签客户做群发，实现针对性推送营销。群发功能的具体使用如图4-21所示。

图4-21　企业微信群发功能

（2）客户群功能

运用客户群做好社群用户管理，**让客户了解你**。

当上述动作做完后，客户可以初次认识企业微信成员，认识到背后的企业、产品和服务，接下来就可以借助群营销，让客户更深一步了解你。

将同一标签的客户拉进同一客户群，客户扫码进群，进行针对性服务。通过群欢迎语、群直播、机器人自动回复功能精细化运营客户群，帮客户快速了解企业的产品价值和服务内容。

值得一提的是，**"加入群聊"功能拥有活码能力**。当进行线上群活动要进行大批量的流量曝光时，可以开启"加入群聊"的"多群码"功能，配置不同群，既可以提前建好群，又可以自动建群，客户扫码后随机添加到其中一个群。

如图4-22所示，为企业微信管理员创建群活码页面。

图4-22 客户群活码创建

如何实现客户群的精细化运营管理呢？

第一步：使用"入群欢迎语"功能让客户扫码进群后，自动发送进群欢迎语，可以迅速和客户建立服务场景。

目前企业微信群欢迎语支持自动发送两条消息，可采用文字消息＋图片、文字消息＋小程序、文字消息＋网页这三种组合形式。群欢迎语的设置如图4－23所示。

图4-23 客户群欢迎语功能

第二步：通过"群内快捷回复"功能，提前设定好群答疑，回复群消息。

不论是教育行业还是电商零售行业，在社群运营的过程中，都有海量的话术库，随时一键发送，这个功能用起来真的太方便了！

群内快捷回复功能的使用，如图4-24所示。

图4-24 群内快捷回复功能

第三步：运用"群机器人"功能，及时响应客户群内问题。

当群主或者群成员下班时，群内客户如有问题，可以@群内机器人小助理，实时获得自动化群解答。这个功能非常智能，推荐大家使用。群机器人的使用如图4-25所示。

第四步：使用"群发助手"群发消息给客户群，推广产品或者是推送课程上新的通知。

这一功能是规模化社群运营的福音。以前用微信群营销，将批量消息同步给每一个群的时候，要么冒着被封号的风险用破解工具，要么手动一个个选择群发，这些做法效率太低，风险太大！

图 4-25 群机器人自动回复功能

现在用企业微信的"群发助手"功能一键搞定，如图 4-26 所示。

图 4-26 客户群群发功能

在 2020 年 6 月 15 日，企业微信又更新了超强的社群管理功能：

客户群可开启防骚扰，将发广告、刷屏的群客户自动移出群聊，并设为禁止入群的客户。企业可为成员配置规则，成员也可自行配置。

群主可筛选出重复加入客户群的客户，按需移出群聊。企业也可统一筛选，由群主确认后移出。

让人不禁感叹，这简直就是社群运营人员的福音，也是社群运营的趋势！

（3）客户朋友圈

客户朋友圈使用与发布技巧，**能让客户想起你**。

朋友圈营销是不可忽略的营销阵营，当前企业微信朋友圈的功能相对保守，每名客户每个自然日最多能展示企业成员发表的一条内容，每个自然月最多能展示企业发表的四条内容。

企业发表和成员发表内容的展示限制互不影响。图4-27是客户朋友圈发布界面。

图4-27 企业微信客户朋友圈

在客户运营过程中，要选择合适的时间点有针对性地发送营销性质的朋友圈，把最专业的信息推荐给客户，让客户想起你。

目前，企业微信无法查看客户联系人朋友圈，客户也无法查看企业微信成员的"历史朋友圈",这也是唯一区别于微信好友关系的地方。

值得一提的是,企业微信成员的"历史朋友圈"查看,可以通过小裂变企业微信裂变系统的"朋友圈"功能来实现,如图4-28所示。

图4-28 企业微信"历史朋友圈"

(4)产品图册与对外收款

企业微信的新功能,**让客户认可你**。

销售最为关键的一个环节就是成交,不管是卖课程还是卖产品,前面的运营行为都在为转化成交这一关键步骤做铺垫。直接通过发送产品图册与对外收款功能向客户联系人发起收款,也是促进成交的重要一步。产品图册与对外收款展示如图4-29所示。

该功能于2020年6月30日上线,基本上将客户交易环节打通。我们可以提前配置好产品介绍和价格、课程详情和价格,在跟客户沟通的过程中实时发送产品图册,让客户直接支付。

它类似于淘宝的千牛系统,客户已经充分了解你的业务、产品、价值,是时候付款了。它有四大模块:客户联系、客户群、客户朋友圈、产品图册与对外收款。

图4-29 产品图册与对外收款

这四大模块是企业微信私域客户运营的关键,也是客户认识你、了解你、想起你、认可你的四个步骤,是层层递进的关系。

功能都很简单,但是能运营到位却不容易,希望大家尽快去尝试使用。

不过,以上提到的功能只是表象,真正有价值的是基于企业微信的客户资产倘若和企业的商城系统、销售系统打通,即真正意义上可以将用户的完整关系维护的周期沉淀在企业微信上,每一步是可溯源的,每一步是标签化的。客户关系维护的四个步骤如图4-30所示。

图4-30 客户关系维护的四个步骤

以前我们经常因营销端和销售端是脱离的而头疼,客户线索的精准度对应的转化是难以跟踪的，转化后的复购是难以精准量化的。

如果一家企业从获取客户成为私域好友关系的那一刻就开始标记追踪，结合自有商城系统或者课程系统，有针对性地做用户路径分析采集，那么就会非常清晰地掌握了哪部分用户访问了哪款产品或课程的页面，被公司哪位销售客服人员跟进过。不管是 To C 业务还是 To B 业务，随着这一刻的到来，运营团队才真正输出了有效线索，销售团队才真正提升了促单的转化效率。

由此，一家公司的组织能力更透明、更可量化，组织效率得到质的提升，业务数据更加清晰可见。增长空间基本上有可靠的数据可参考，而不是每次都拍脑袋定增长目标。

2. 企业微信的红利在于规模化获客

前面所说的功能固然很好，但是如果企业微信无法持续获取客户，所有的功能都只能是空中楼阁，用不上。

我们团队做了一次内测调研，看看当前大家使用企业微信的深度，对企业微信是否真的了解，收集了接近 3000 份调研信息。企业微信使用所处阶段统计如图 4-31 所示。

图 4-31 企业微信使用所处阶段统计图

我们发现，34.8% 的企业还没有开始使用企业微信，43.5% 的企业在尝试使用，主要用于公司内部办公，只有 21.7% 的企业开始或计划全面使用企业微信。

从这组数据我们可以看出，大部分企业还没有真正使用企业微信，很多老板、一线的增长操盘手还不熟悉企业微信的功能，不清楚如何将其具体应用到运营工作中，更不清楚如何用企业微信规模化裂变获客，企业微信还处于空前的**红利期**。

那么，如何用企业微信快速获客呢？当然是裂变！

很多人会问，企业微信也能裂变吗？答案是肯定的，只要用小裂变企业微信裂变系统即可实现。

企业微信裂变的方法分为三种，分别是：

任务裂变：服务号+企业微信客服号的双向裂变，客户双向沉淀方法。

好友裂变：直接基于企业微信客服号的裂变，让客户源源不断主动添加企业微信客服。

企业微信群裂变：自动化建群，新增群，客户主动分享群海报的转发裂变方法。

具体的裂变方法已经在前面的章节中详细说明，在此就不做赘述。

3. 企业微信的未来跟大家息息相关

（1）宏观因素

1）从私域流量到私域留量的升级转变。

2）从用户运营到客户运营的升级转变。

两个字的变化，背后是运营理念、经营理念的变化。不再把用户简单看成可以反复被收割的流量，而是更多了一些服务意识，客户才是第一生产力。

企业的每一个员工都应该珍视客户，精细化运营管理，持续性传递价值。

（2）微观因素

1）企业微信群营销将基本取代社群营销，带有公司营销属性的群将会基于企业微信创建、运营、管理。

2）企业微信个人号营销将基本取代微信个人号营销，以公司销售导向的客户连接将会基于企业微信获取客户、触达客户、运营客户、管理客户。

企业微信营销大概率会基本取代微信营销。微信会逐渐变为传播渠道、裂变渠道、分发渠道，真正的流量获取中心会集中在企业微信。

（3）对于公司的要求

1）公司要规模化搭建企业微信群，进行群裂变、群营销、群转化。

2）公司更要规模化获取企业微信客户联系人，进行客户裂变、客户营销、客户转化。

拥抱变化，早点自我变革。

企业微信对于中小型公司来说是大机会，越大的公司越难下定全面变革的决心。

（4）对于个人的要求

1）要熟练地使用企业微信的各种功能，快速地采用第三方工具帮助企业微信裂变获客、精细化运营管理。

2）要懂得把业务形态和企业微信营销相结合，不光要客户的数量，更要关注客户的质量。

3）要具备综合能力，除了基本的运营知识，还需多了解企业微信的产品细节、技术细节，多懂一点销售知识。

因为基于企业微信的客户运营，运营销售化、销售运营化会逐渐体现在公司的企业微信营销战略中。

最后，有几个秘密要分享给读者：

(1) 企业微信既不是 OA 系统，也不是纯粹的 CRM 系统，而是基于客户数据资产的综合生态系统

(2) 国内传统的 CRM 系统发展空间有限，不要幻想着出现国内版的 Salesforce

前段时间 Salesforce 的市值破万亿元，在企业服务行业振奋人心，尤其是国内有对标 Salesforce 的公司，更是非常振奋。短时间看，这种完全对标 Salesforce 的 CRM 系统公司有资本价值，但是长期看可能不太具备产品价值。

因为国外没有微信和企业微信，连接用户和管理用户依赖于 Salesforce 这种成熟的软件服务商。而国内的企业微信连接 12 亿微信用户，间接帮助企业连接甚至管理了终端用户，极有机会长出企业微信版的 Salesforce。

（3）微信将会变为裂变增长的传播渠道，企业微信才是流量的终点

我们曾认为微信的流量触点分别是公众号、小程序、微信群、个人号，这四个点是承载客户的载体，是一家公司做微信营销沉淀私域客户池的关键。

如今，我们认为企业微信才是流量的终点，客户更多应该沉淀在企业微信，建立企业微信好友关系、企业微信群，通过企业微信运营私域客户池。而微信应该变为裂变传播的渠道，尤其是在微信端已经有大量客户沉淀的公司，把存量渠道用好，用公众号、小程序、微信群、个人号去传播、去分发，导流到企业微信群和企业微信客服号，如图 4-32 所示。

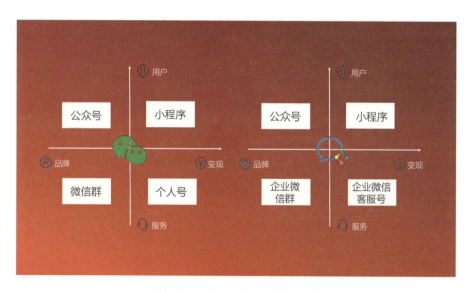

图 4-32　微信生态四大流量触点变化

（4）企业微信是做营销的中心，沉淀私域的中心

想清楚企业微信是沉淀客户的中心后，我们接下来应该花更多时间在基于企业微信做营销、做增长上。比如，搭建企业微信客户管理的 SOP，使用小裂变系统快速地规模化裂变获客，尽可能快地引流、运营，输出一套属于自己公司的企业微信增长模型。

（5）所有微信内的裂变方法，基本可以基于企业微信重做一遍

2015 年底，我们最早尝试裂变的方法，将其应用到公众号上，增长数据喜人。2016 年和 2017 年，以跟谁学为代表的教育公司获得了非常可观的增长红利，通过公众号裂变和社群裂变交叉组合，圈了百万甚至千万级别的用户。

2020 年做企业微信裂变，等同于 2015 年开始做微信内的裂变，而每一种裂变方法都值得在企业微信内做一遍。当然，前提是输出有价值的产品和服务做有创意的裂变活动，不要破坏企业微信生态。

求之于势，不责于人。

善于用兵作战的人，总是从自己创造的有利作战态势中去追求胜利，而不苛求部属以苦战取胜。

对应到我们在公司经营的过程中，如果公司增长放缓或者增长倒退，我们首先要做的不应是责备员工，而是要思考业务所在的行业和趋势是否有变化，这种变化又会带来哪些小趋势、大趋势。

企业微信就是新的趋势，一家公司未来的客户数据资产大概率会沉淀在这里，数字化经营能力的增长也将会出现在企业微信上。

＊本章部分图片来自于合作伙伴，仅供参考

第 5 章

实操案例

真实裂变增长案例,
助你多增长少踩坑

实操经验，价值百万。相信你一定认可这句话：在做增长的活动中，最想避免的就是踩坑。

从事裂变增长三年，服务了一万多家企业用户，小裂变团队实打实地踩过很多坑，也积累了丰富的宝贵经验。

站在巨人的肩膀上，能帮助你少走很多弯路，这一章里，我们将毫无保留地与你分享裂变实操案例。

5.1 公众号裂变涨粉案例二十则

5.2 小程序裂变引流案例三则

5.3 分销裂变案例八则

5.4 拼团裂变案例三则

对各行业成功的活动案例进行详细拆解和复盘，确保你看得懂、学得会、可复用。

5.1 公众号裂变涨粉案例二十则

1. 教育行业

星火教育

裂变效果指数：★★★★

可复用等级：高

行业：教育

使用工具：小裂变公众号裂变系统

【奖品】：升学宝典之《英语》+《全科精华本》+《语文》，暖手抱枕等。

【规则】：

邀请 7 位好友助力，即可领取升学宝典之《英语》+《全科精华本》+《语文》；邀请 10 位好友助力，即可领取升学宝典全套 4 本；扫码助力完成 25 个，即可免费领取绒毛毯 + 百搭围巾 + 暖手抱枕。

参与排名：第 1 名获得价值 2499 元欧伟士 5T 智能取暖器 1 件（助力数至少 50 个，需自提）。

第 2~20 名获得价值 99 元充电暖手宝 1 个（助力数至少 30 个）。

【种子用户】：1677 人

【单次活动涨粉数量】：6396 人

【活动发奖数量】：253 份

【单个获客成本】：0 元

活动亮点：品牌效应、简单

活动文案：（略）

裂变海报：如图 5-1 所示

图 5-1 活动海报

英孚教育

裂变效果指数：★★★★★

可复用等级：高

行业：教育

使用工具：小裂变公众号裂变系统

【奖品】：全套 20 册世界经典童话

【规则】：17 位好友扫码关注即可成功领取一套

【种子用户】：355 人

【单次活动涨粉数量】：4865 人

【活动发奖数量】：200 份

【单个获客成本】：未知

活动亮点：推广渠道用户覆盖精准，奖品丰富，领取方式简单，数量限制使得用户能够快速参与、传播活动

活动文案：

"用户昵称"你好，全套 20 册世界经典童话免费赠送中！

1. 将下方您的专属海报，分享到朋友圈

2. 17 位好友扫码关注即可成功领取一套

领取城市：北京、上海、广州、深圳、佛山、福州、重庆、昆山、昆明

裂变海报：如图 5-2 所示

2. 文娱行业

爱奇艺

裂变效果指数：★★★★★

可复用等级：高

行业：文娱

使用工具：小裂变公众号裂变系统

【奖品】：爱奇艺尖叫之夜活动门票

【规则】：邀请 20 位好友助力，获取领票资格，排行榜前三可领票

【种子用户】：405 人

【单次活动涨粉数量】：31823 人

【活动发奖数量】：3 份

【单个获客成本】：0 元

活动亮点：品牌效应、简单

活动文案：

嗨，"用户昵称"

恭喜你成功参与"尖叫之夜门票免费抢"活动！

分享下方海报，邀请好友扫码关注即可完成助力！

截至 12 月 2 日 15：00

排名前三的用户分别获得

2019 尖叫之夜门票一张！

快去分享你的专属海报

裂变海报：如图 5-3 所示

图 5-2　活动海报

毒舌电影

裂变效果指数：★★★★★

可复用等级：高

行业：文娱

使用工具：小裂变公众号裂变系统

【奖品】：小夜灯

【规则】：邀请 21 人关注公众号，即可领取

【种子用户】：1641 人

【单次活动涨粉数量】：20000 人

【活动发奖数量】：200 份

【单个获客成本】：未知

活动亮点：活动规则简单，奖品吸引力大，用户较为广泛

活动文案：（略）

裂变海报：如图 5-4 所示

图 5-3　活动海报

图 5-4　活动海报

3. 医疗美妆、健身行业

口袋减脂营

裂变效果指数：★★★★★

可复用等级：高

行业：医疗美妆、健身

使用工具：小裂变公众号裂变系统

【奖品】：代餐饼干

【规则】：邀请 12 位好友关注公众号，即可领取代餐饼干一包。裂变文案中推线上减脂课体验名额，引导更多粉丝加个人号。

【种子用户】：741 人

【单场活动涨粉数量】：5000 个公众号粉丝，600 多位个人号好友

【活动发奖数量】：320 份

【单个获客成本】：品牌赞助，无成本

活动亮点：活动规则简单，渠道精准，获客精准，海报风格简约亮眼

活动文案：（略）

裂变海报：如图 5-5 所示

轻松开诊所

裂变效果指数：★★★★

可复用等级：高

行业：医疗美妆

图 5-5　活动海报

使用工具：小裂变公众号裂变系统

【奖品】：图书《医生为什么会误诊》

【规则】：邀请28位好友关注公众号即可领取

【种子用户】：2034人

【单次活动涨粉数量】：4500多人

【活动发奖数量】：100份

【单个获客成本】：0.55元

活动亮点：用户渠道精准，海报设计吸引力大

活动文案：（略）

裂变海报：如图5-6所示

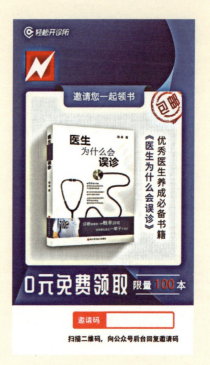

图5-6 活动海报

4．旅游行业

IU 酒店

裂变效果指数：★★★★

可复用等级：高

行业：旅游

使用工具：小裂变公众号裂变系统

【奖品】：现金大奖、品牌周边礼品

【规则】：

活动采取排行榜机制，邀请好友关注公众号进行助力。助力榜第1名：穿越成长基金（2020元现金等大礼包）；第2～3名：价值666元的穿越生存礼包（IU全国门店免费房1晚+末日船票+品牌周边大礼包）；第4～10名：穿越远行礼包（末日船票+品牌周边大礼包）。前50名：穿越魔法礼包（IU

定制手机壳)。

【种子用户】:276 人

【单次活动涨粉数量】:10000 多人

【活动发奖数量】:60 份

【单个获客成本】:未知

活动亮点:奖品吸引力大,活动包装效果优秀

活动文案:

Hello,"用户昵称",欢迎来到 U 次元

爱玩有趣的你一定会喜欢这个"玩即正义"的地方

分享下方海报,邀请小伙伴扫码助力赢取 2020 元现金大奖吧!

助力榜第 1 名:穿越成长基金(2020 元现金等大礼包)

助力榜第 2~3 名:价值 666 元的穿越生存礼包(IU 全国门店免费房 1 晚+末日船票+品牌周边大礼包)

助力榜第 4~10 名:穿越远行礼包(末日船票+品牌周边大礼包)

助力榜前 50 名:穿越魔法礼包(IU 定制手机壳)

注意:领取以上四重大奖,人气值需大于 49 人

参与奖:只要有 1 位朋友为你扫码助力,即可获得 IU 酒店提供的穿越祝福礼包(20 元房费抵用券)

排行榜截止时间:2019 年 12 月 2 日 10:00,抓紧时间!

快去分享你的专属海报吧

裂变海报:如图 5-7 所示

图 5-7 活动海报

爱自游

裂变效果指数：★★★★★

可复用等级：高

行业：旅游

使用工具：小裂变公众号裂变系统

【奖品】：35 元绘本动画课程季卡一张

【规则】：

福利活动 1：关注人数≥9 人，即可获得办公室午睡枕；助力排行榜前 50 名，且关注人数≥39 人，即可获得果儿蓝牙音响

福利活动 2：转发此次活动文章且关注公众号，加客服小爱，即可参与抽取 11 月 3 日周杰伦演唱会门票一张

【种子用户】：282 人

【单次活动涨粉数量】：6204 人

【活动发奖数量】：288 份

活动亮点：奖品性价比高，明星效应，导流个人号，搭建私域流量池

活动文案：

Hi,"用户昵称"

您已成功参与此活动

分享下方生成的专属海报，邀请好友扫码或长按关注

关注人数≥9 人，即可获得办公室午睡枕

助力排行榜前 50 名，且关注人数≥39 人，即可获得果儿蓝牙音响

（福利活动 1 结束时，排行榜锁定）

福利活动 2：转发此次活动文章《周杰伦演唱会门票抽取》到朋友圈，且关注公众号，加客服小爱，即可参与抽取 11 月 3 日周杰伦演唱会门票一张

如有任何疑问，请微信联系小爱

裂变海报：如图5-8所示

5. 餐饮行业

可口可乐

裂变效果指数：★★★★★

可复用等级：高

行业：餐饮

使用工具：小裂变公众号裂变系统

【奖品】：博物馆参观名额

【规则】：邀请20位好友关注公众号，即可参观博物馆

【种子用户】：3405人

【单次活动涨粉数量】：13000人

【活动发奖数量】：581份

【单个获客成本】：博物馆参观名额由第三方赞助，无成本

活动亮点：活动奖品具有一定的价值，不仅在物质上，还在文化上满足用户的需求

活动文案：（略）

裂变海报：如图5-9所示

图5-8　活动海报

彤顺德海鲜火锅

裂变效果指数：★★★★★

可复用等级：高

行业：餐饮

使用工具：小裂变公众号裂变系统

【奖品】：波士顿龙虾、火锅店储值卡

【规则】：邀请 30 位好友关注公众号，即可领取波士顿龙虾一只，排行榜前 10 名送价值 888 元火锅店储值卡。

【种子用户】：924 人

【单次活动涨粉数量】：20000 多人

【活动发奖数量】：200 多份

【单个获客成本】：0 元

活动亮点：线下火锅店有一定的品牌效应，活动海报具有创意

活动文案：（略）

裂变海报：如图 5-10 所示

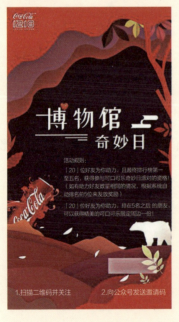

图 5-9　活动海报

图 5-10　活动海报

6. 电商行业

唯品会

裂变效果指数：★★★★

可复用等级：高

行业：电商

使用工具：小裂变公众号裂变系统

【奖品】：补水仪

【规则】：邀请5位好友关注公众号，即可包邮领取纳米补水仪一个

【种子用户】：74人

【单次活动涨粉数量】：8400多人

【活动发奖数量】：1000份

【单个获客成本】：合作商赞助提供，无成本

活动亮点：奖品性价比高，用户参与门槛低，用户群体精准

活动文案：（略）

裂变海报：如图5-11所示

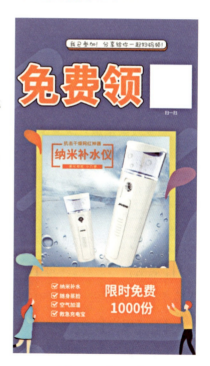

图5-11 活动海报

苏宁

裂变效果指数：★★★★★

可复用等级：高

行业：电商

使用工具：小裂变公众号裂变系统

【奖品】：宝骏E200 15天免费体验权

【规则】：

①邀请2位好友关注公众号，即可参与小E"15天体验权"抽奖

②邀请30位好友关注公众号，且排名前20直享小E"15天体验权"

【种子用户】：197人

【单次活动涨粉数量】：5000多人

【活动发奖数量】：300份

【单个获客成本】：未授权

活动亮点：奖品价值高，具有品牌背书

活动文案：（略）

裂变海报：如图5-12所示

7. 零售行业

萌奇

裂变效果指数：★★★★★

可复用等级：高

行业：零售

使用工具：小裂变公众号裂变系统

【奖品】：联名款蓝牙耳机、暖手宝移动电源

【规则】：人气值≥36人，且在活动结束截止时，1~12名获取价值499元联名款蓝牙耳机；13~50名获取价值158元暖手宝移动电源。

【种子用户】：723人

【单次活动涨粉数量】：24000人

【活动发奖数量】：前50名可领取对应奖品

【单个获客成本】：未知

活动亮点：为纯排行榜活动，且有最低人气值限制，竞争力大

活动文案：（略）

裂变海报： 如图 5-13 所示

图 5-12 活动海报

图 5-13 活动海报

Fu 花店

裂变效果指数：★★★★★

可复用等级： 高

行业： 零售

使用工具： 小裂变公众号裂变系统

【奖品】：星座花

【规则】：邀请 3 位好友关注公众号，即可领取满天星干花一朵；邀请 30 位好友助力，即可领取星座主题花一束

【种子用户】：740 人

【单次活动涨粉数量】：6000 多人

【活动发奖数量】：150 多份

【单个获客成本】：0.5 元

活动亮点：奖品价值低，门槛低，具有一定的幸福感

活动文案：（略）

裂变海报：如图 5-14 所示

8. 金融行业

苏宁任性花

裂变效果指数：★★★★★

可复用等级：高

行业：金融

使用工具：小裂变公众号裂变系统

【奖品】：1888 元苏宁卡、188 元苏宁卡、8.8 元苏宁卡

【规则】：排名第 1（>1000 位好友助力），排名第 2~10（>100 位好友助力），排名第 11~1200（>5 位好友助力）

【种子用户】：9091 人

【单次活动涨粉数量】：30000 人

【活动发奖数量】：1200 份

【单个获客成本】：0.27 元

活动亮点：以购物卡作为奖品，与用户的直接利益挂钩，吸引力大，有品牌权威性，且借助了节日热度

活动文案：

亲爱的"用户昵称"

恭喜你成功参与任性花感恩节活动

分享下方海报，邀请好友扫码助力：

排名第1（>1000位好友助力）即可获得1888元苏宁卡

排名第2~10（>100位好友助力）即可获得188元苏宁卡

排名第11~1200（>5位好友助力）即可获得8.8元苏宁卡

每人限领一次，活动奖励以最高奖项兑奖

快去分享你的专属海报吧

裂变海报： 如图5-15所示

图5-14　活动海报

图5-15　活动海报

京东众筹

裂变效果指数： ★★★★★

可复用等级： 高

行业： 金融

使用工具： 小裂变公众号裂变系统

【奖品】：小吃礼盒

【规则】：邀请29位好友关注即可领取

【种子用户】：291人

【单次活动涨粉数量】：10000多人

【活动发奖数量】：100份

【单个获客成本】：未知

活动亮点：活动开展稳定，有节奏

活动文案：（略）

裂变海报：如图5-16所示

9. 农植行业

天天学农

裂变效果指数：★★★★★

可复用等级：高

行业：农植

使用工具：小裂变公众号裂变系统

【奖品】：果枝修剪刀

【规则】：邀请12位好友关注公众号，即可包邮领取剪刀1把

【种子用户】：753人

【单次活动涨粉数量】：9000多人

【活动发奖数量】：200份

【单个获客成本】：未知

活动亮点：渠道推广精准，海报风格简约

活动文案：（略）

裂变海报：如图5-17所示

第 5 章 实操案例

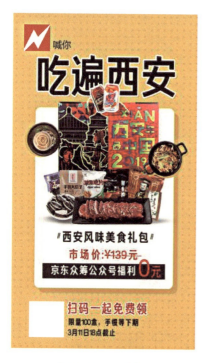

图 5-16 活动海报

图 5-17 活动海报

大丰收旗下系列公众号

裂变效果指数：★★★★★

可复用等级：高

行业：农植

使用工具：小裂变公众号裂变系统

【奖品】：测土仪

【规则】：邀请 9 位好友关注公众号，即可领取测土仪 1 个

【种子用户】：1245 人

【单场活动涨粉数量】：10000 多人

【活动发奖数量】：600 份

【单个获客成本】：未知

活动亮点：活动规则门槛较低，奖品吸引力较高，用户覆盖精准

活动文案：（略）

裂变海报：如图 5-18 所示

10. 汽车行业

广汽蔚来

裂变效果指数：★★★★

可复用等级：高

行业：科技

使用工具：小裂变公众号裂变系统

【奖品】星空投影灯

【规则】：邀请 7 位好友扫码关注来助力，即可领取藤球星空投影灯

【种子用户】：261 人

【单次活动涨粉数量】：20518 人

【活动发奖数量】：1500 份

【单个获客成本】：0.6 元

活动亮点：活动参与门槛较低，奖品吸引力较大

活动文案：

"用户昵称"，已生成您的专属海报

邀请 7 位好友扫码关注来助力

即可领取藤球星空投影灯

限量 1500 个，当前剩余"奖品剩余数量"个

你也可参加话题评论活动，评论获赞最高送 1400 元戴森吸尘器

现"Let's HYCAN 健康跑体验营"南京站开启点击报名

裂变海报：如图 5-19 所示

图 5-18 活动海报

图 5-19 活动海报

11．科技行业

讯飞开放平台

裂变效果指数：★★★★★

可复用等级：高

行业：科技

使用工具：小裂变公众号裂变系统

【奖品】：帆布包和智能语音鼠标

【规则】：邀请 11 人关注公众号即可领取帆布包一个，活动结束后排行榜前五名可得智能语音鼠标一个

【种子用户】：428 人

【单次活动涨粉数量】：7000 多人

【活动发奖数量】：105 份

【单个获客成本】：未知

活动亮点：活动参与门槛较低，奖品吸引力、性价比较高，采用排行榜机制激发用户竞争心理

活动文案：（略）

裂变海报：如图 5-20 所示

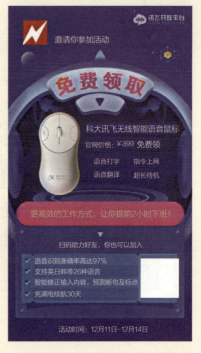

图 5-20　活动海报

5.2 小程序裂变引流案例三则

1. 教育行业

51cto

裂变效果指数：★★★★★

可复用等级：高

行业：教育

使用工具：小裂变小程序裂变系统

【奖品】：程序员专享干货资料

【规则】：邀请 3 人助力（授权登录小程序）即可领取

【种子用户】：441 人

【活动发奖数量】：800 份

【单次活动涨粉数量】：4000 多人

【单个获客成本】：0 元

活动亮点：配合 1024 程序员节开展，传播广

裂变海报：如图 5-21 所示

2. 科技行业

AI 开发领域小程序

裂变效果指数：★★★★★

可复用等级：高

行业：科技

使用工具：小裂变小程序裂变系统

【奖品】：华为内部技术干货

【规则】：邀请 3 人助力（授权登录小程序）即可领取

【种子用户】：97 人

【活动发奖数量】：1000 多份

图 5-21　活动海报

【单次活动涨粉数量】：4000 多人

【单个获客成本】：0 元

活动亮点：品牌借势，奖品包装，海报主题明显

裂变海报：如图 5-22 所示

3. 医疗美妆行业

思瑞整形美容医院

裂变效果指数：★★★★★

可复用等级：高

行业：医疗美妆

使用工具：小裂变小程序裂变系统

【奖品】：洁面仪

【规则】：邀请3人助力（授权登录小程序），即可获取抽奖资格，活动结束抽奖送出一份洁面仪

【种子用户】：150人

【活动发奖数量】：1份

【活动涨粉数量】：9000多人

【单个获客成本】：0.4元

活动亮点：小程序结合抽奖的形式，用户参与量多，利用用户以小博大的心理

裂变海报：如图5-23所示

图5-22　活动海报

图5-23　活动海报

5.3 分销裂变案例八则

1. 教育行业

金标尺公考

裂变效果指数：★★★★★

可复用等级：高

行业：教育

使用工具：小裂变裂变店铺分销系统

活动效果：活动上线一个月，售卖产品近 3000 份，总付费金额 20 多万元

【活动主题】：好课送好友，点击"邀请海报"，赚取奖学金

【活动产品】：2020 年公务员考试 10 天提分密训班

【原价】：398 元

【现价】：39.8 元

【一级分销返现佣金】：20 元

活动亮点：现价较低，返现佣金较高，用户乐于分销

裂变海报：如图 5-24 所示

2. 互联网行业

裂变实操资料分销

裂变效果指数：★★★★★

可复用等级：高

行业：互联网

使用工具：小裂变裂变店铺分销系统

活动效果：活动上线 3 天，售卖产品超 3000 份

【活动主题】：裂变实操资料全网开售，互联网人人手一份，用户增长必备秘籍

【活动产品】：裂变实操资料

【原价】：99 元

【现价】：49 元

【分销佣金】：25 元

活动亮点：现价较低，返现佣金较高，覆盖用户精准

裂变海报：如图 5-25 所示

图 5-24　活动海报

图 5-25　活动海报

3. 医疗美妆行业

口腔医院

裂变效果指数：★★★★★

可复用等级：高

行业：医疗美妆

使用工具：小裂变裂变店铺分销系统

活动效果：活动上线一个月，售卖产品近 7340 份，总付费金额约 115000 万元

【活动主题】：IDSO 资深老师和你面对面聊聊

【活动产品】：口腔健康宣教师系列课程

【原价】：599 元

【现价】：19.9 元

【一级分销佣金】：9.9 元

活动亮点：现价较低，返现佣金较高，覆盖用户精准

裂变海报：如图 5-26 所示

4. 旅游行业

海岛看房游

裂变效果指数：★★★★★

可复用等级：高

行业：旅游

使用工具：小裂变裂变店铺分销系统

活动效果：活动上线 2 周，付费人数超 10 人，付费金额超 50000 元

【活动主题】：海口西海岸海景现房登岛看房游

【活动产品】：看房游名额

【原价】：20000 元

【现价】：5000 元

【分销佣金】：50 元

活动亮点：产品单价高，以旅游为吸引点

裂变海报：如图 5-27 所示

图 5-26　活动海报

图 5-27　活动海报

5. 餐饮行业

榴莲比萨店分销

裂变效果指数：★★★★★

可复用等级：高

行业：餐饮

使用工具：小裂变裂变店铺分销系统

活动效果：活动上线 2 周，售卖产品 2200 多份，总付费金额 75000 余元

【活动主题】：精选泰国东部榴莲，水分少，甜度高

【活动产品】：9 寸泰国东部榴莲比萨

【原价】：88 元

【现价】：29.9 元

【一级分销返现佣金】：2.5 元

活动亮点：活动海报亮眼，网红效应

裂变海报：如图 5-28 所示

6. 培训行业

21 天亚马逊广告特训营分销

裂变效果指数：★★★★★

可复用等级：高

行业：培训

使用工具：小裂变裂变店铺分销系统

活动效果：活动上线 2 周，售卖产品 54 份，总付费金额超 53000 万元

【活动主题】：21 天亚马逊广告特训营开抢啦，直播+永久回放祝您企业更上一层楼

【活动产品】：21 天亚马逊广告特训营

【原价】：1999 元

【特价】：999 元

【分销佣金】：特价的 50%

活动亮点：分销佣金高，吸引力足

裂变海报：如图 5-29 所示

图 5-28　活动海报

图 5-29　活动海报

7. 零售行业

千元小商品礼包

裂变效果指数：★★★★★

可复用等级：高

行业：零售

使用工具：小裂变裂变店铺分销系统

活动效果：售卖产品 3300 多份，总付费金额近 10000 元

【活动主题】：跨年盛惠2.9元在线抢购千元大礼包

【活动产品】：千元小商品礼包

【原价】：1000元

【现价】：2.9元

【一级分销佣金】：1元

活动亮点：奖品丰富，价格极低，门槛极低，用户参与积极性高

裂变海报：如图5-30所示

8. 科技行业

数字太空展分销

变效果指数：★★★★★

可复用等级：高

行业：科技

使用工具：小裂变裂变店铺分销系统

活动效果：活动上线1个月，售卖门票超700张，总付费金额超40000元

【活动主题】："贝窝旅行" HELLO 火星-3D数字太空展，限时5折

【活动产品】：3D数字太空展

【原价】：116元

【现价】：66元

【分销佣金】：6元

活动亮点：分销产品具有创意和价值

裂变海报：如图5-31所示

图 5-30　活动海报　　　　　图 5-31　活动海报

5.4
拼团裂变案例三则

教育行业

五格殿下师资培训

裂变效果指数：★★★★★

可复用等级： 高

行业： 教育

使用工具： 小裂变裂变店铺拼团系统

粉丝增长情况： 活动上线 6 天，售卖产品近 142 份，总付费金额超 10000 元

【活动主题】：五格殿下教研总监教你如何上好一节编程体验课

【活动产品】：师资培训

【原价】：99 元

【团长价格】：69 元

【团员价格】：69 元

裂变海报：如图 5-32 所示

积极教养在线成长营拼团活动

裂变效果指数：★★★★★

可复用等级：高

行业：教育

使用工具：小裂变裂变店铺拼团系统

粉丝增长情况：活动上线 1 天，售卖产品 1001 份，总付费金额近 80000 元

【活动主题】：幸福美家之积极教养在线成长营

【活动产品】：积极教养课程

【原价】：99 元

【团长价格】：79 元

【团员价格】：79 元

裂变海报：如图 5-33 所示

图 5-32　活动海报

游泳课程拼团活动

裂变效果指数：★★★★★

可复用等级：高

行业：教育

使用工具：小裂变裂变店铺拼团系统

粉丝增长情况：活动上线 6 天，售卖产品 496 份，总付费金额近 150000 元

【活动主题】：Blue 限量人鱼卡超值课包限时抢

【活动产品】：Blue 限量人鱼卡

【原价】：1104 元

【团长价格】：299 元

【团员价格】：299 元

裂变海报：如图 5-34 所示

图 5-33　活动海报

图 5-34　活动海报

＊本章部分图片来自于合作伙伴，仅供参考学习

附 录

附录 A　裂变活动设置技巧与操作指南
附录 B　公众号裂变活动策划方案
附录 C　分销裂变活动策划方案

附录 A
裂变活动设置技巧与操作指南

一、裂变活动规则设置技巧

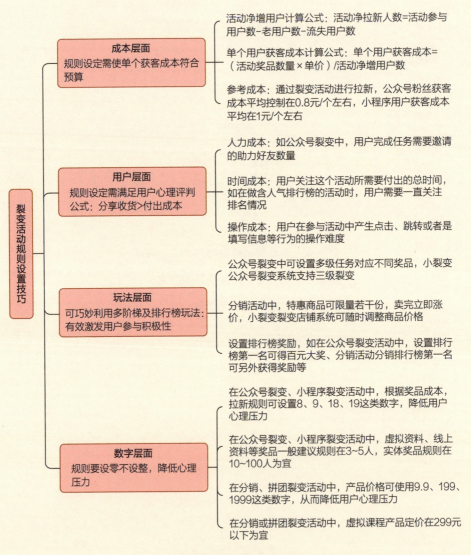

裂变活动规则设置技巧图示

二、裂变海报设计技巧

裂变活动海报的八大设计要素如下图所示。

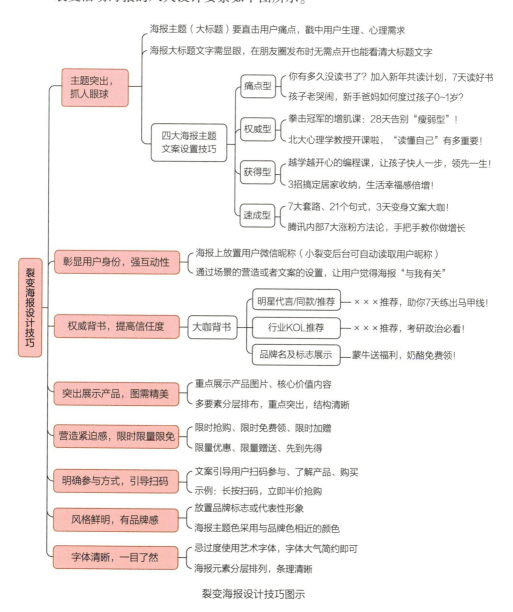

裂变海报设计技巧图示

三、裂变活动推广与收尾

裂变活动推广与收尾如下图所示。

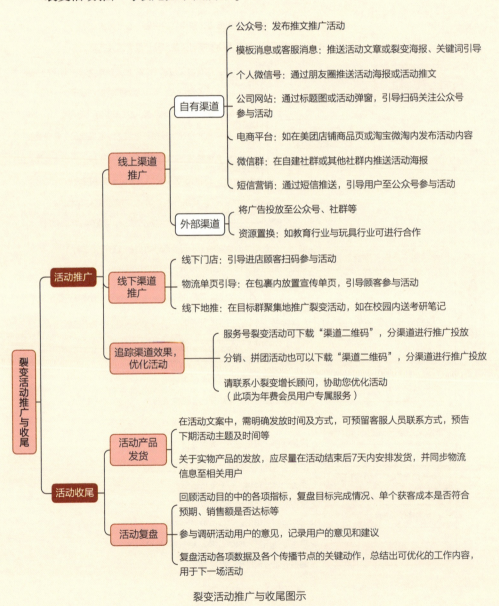

裂变活动推广与收尾图示

附录 B
公众号裂变活动策划方案

（示例）

为提升×××品牌的曝光度和精准获取用户，于20××年×月××日起策划线上营销活动。基于微信朋友圈裂变式传播营销工具，通过任务邀请式分享传播，实现指数级裂变式增长，快速帮助×××公众号有效增粉以及进行品牌推广。

一、活动目的

扩大×××品牌知名度、获取高质量用户

二、目标用户群体

×××意向人群

三、活动主题

免费送小裂变涨粉系统

四、活动时间

从20××年×月××日开始，根据实际情况确定结束时间。也可以设定活动奖品数量（100套裂变涨粉系统），根据活动奖品数量确定活动停止条件。

五、活动内容

活动期间，通过推广免费送小裂变涨粉系统的活动海报，让用户邀请好友助力支持，完成任务即可免费领取小裂变涨粉系统。

1. 小裂变公众号增粉

引导用户扫码关注参与，想要奖品的用户关注公众号，开始参与活动，从而实现微信公众号增粉。

2. 品牌宣传裂变过程本身就是品牌推广的过程，在海报设计上要重点突出品牌。

六、活动规则

1. 用户路径

推送活动海报——用户扫码参与——公众号推送文案引导用户分享个人海报——用户分享个人海报邀请好友助力——达到邀请人数即可添加客服人员微信领取奖品

2. 邀请规则

当大于等于 29 人扫码助力，即可免费领小裂变涨粉系统

3. 公众号推送内容

（1）触发关键词推送文案（当用户向公众号发送触发关键词时，公众号自动推送下方裂变文案）

Hello，"用户昵称"

愿你拥有涨粉百万的裂变运营能力

相比说漂亮话，我们更擅长踏实做事

【免费送你】

①价值万元小裂变涨粉工具免费体验 30 天

②最新最全裂变涨粉百万独家资料（附刷屏海报）

戳我添加客服参与免费领取

任何问题可咨询运营总监：1234567890

下方为你的专属海报

[裂变海报]

(2) 成功助力好友裂变文案（当 B 用户助力了 A 用户时，B 用户新关注公众号收到的文案提醒）

Hello，"用户昵称"，你已成功助力好友

愿你拥有涨粉百万的裂变运营能力

相比说漂亮话，我们更擅长踏实做事

【免费送你】

①价值万元小裂变涨粉工具免费体验 30 天

②最新最全裂变涨粉百万独家资料（附刷屏海报）

戳我添加客服参与免费领取

任何问题可咨询运营总监：1234567890

下方为你的专属海报

[裂变海报]

(3) 收到助力好友成功助力的提醒文案（当 B 用户助力了 A 用户时，A 用户收到的助力成功提醒文案）

"助力好友昵称"为你助力，已有"邀请好友数量"位好友助力

价值万元小裂变涨粉工具免费体验 30 天 + 最新最全裂变涨粉百万独家资料（附刷屏海报）近在咫尺，愿你拥有涨粉百万的裂变运营能力

(4) 超限助力提醒文案（因微信接口调用限制，8 条以后的好友助力将推送此提醒文案）

"助力好友昵称"为您成功助力，您当前已有 8 位好友成功助力

为避免消息打扰，新好友助力将不再提醒，达到条件后会自动推送助力

成功提醒。

（5）达到裂变人数推送文案（当完成一级裂变人数助力时，推送此文案或图片）

恭喜你拥有涨粉百万的裂变运营能力

免费获得：最新最全裂变涨粉百万独家资料（附刷屏海报）

链接：××

密码：××

（6）活动结束设置（裂变活动可通过设置时间、奖品数量自动停止）

亲爱的小伙伴，感谢您的支持，本次活动已经结束啦！

请持续关注"小裂变"，更多福利等你领取。

4. 领取方式

导流到小裂变微信工作人员微信号上，由工作人员引导用户到线下领取，从而实现线下业务转化。

七、裂变海报文案内容

"头像""用户昵称"这个不错，强烈推荐"公众号标志"

【标题】

【副标题】

【奖品图片+奖品名称】

活动截止时间：×月××日××点

扫码立即免费领取×××

限时限量，火速加入×××

【二维码图】

八、客服话术文档

1. 友情提醒

（1）按照活动规则参与，完成相应任务后会自动推送助力达到人数

（2）活动于×月××日××点结束，限时限量免费领奖

（3）活动结束后奖品统一在7个工作日左右快递寄送，请耐心等待

（4）活动100%真实有效

（5）温馨提示：获奖名单将在活动结束之后由客服统一发布在朋友圈，请持续关注

（6）分享您的海报，按照活动规则邀请好友助力即可

（7）达到一级助力人数添加客服填写登记信息后，可继续邀请好友助力赢取更多奖品

（8）奖品可叠加

（9）助力好友取关后，助力失效。助力人数下降，会影响最后的奖品领取

（10）有任何问题可添加客服微信进行咨询

2. 常见问题

（1）怎么领奖品

分享公众号生成的个人专属海报到朋友圈、微信群，达到助力人数后，添加客服发送助力成功截图，获取奖品领取方式。

（2）怎么助力

每邀请一位好友扫描公众号生成的个人专属海报二维码，即为助力一次。

（3）活动什么时候结束

×月××日××点，请抓紧时间邀请好友助力。

（4）什么时候发货

活动结束后7个工作日内为您寄出奖品，请耐心等待。

（5）活动是真的吗

活动100%真实有效，有问题可以随时联系我。

（6）为什么好友扫码不增加助力

一个用户只能为好友助力一次，重复助力无效，请邀请新好友为您助力。

（7）单号怎么给

奖品发出后，会在朋友圈将单号公布出来，请保持关注。

（8）可以指定快递吗

快递无法指定，请谅解。

九、推广渠道

推广渠道表

资源类型	资源名		备注
推广渠道	合作渠道	10 家互联网大号推文	需要业务推广
	自有渠道	订阅号首条推文 1 条	需要推文资源
		微博推送 3 次	需要推文资源
	第三方推广渠道	朋友圈广告	需要投放支持
		知乎广告	需要投放支持

十、时间安排

时间安排表

时间	内容
×月××日	输出《×××活动策划方案 V1.0》
×月××日	输出裂变海报、裂变活动内容并测试
×月××日	××模板消息推广，活动正式上线
×月××日	活动用户信息维护
×月××日	活动奖品核销发放

十一、风险管理

1. 开发技术风险管理

对于活动过程中系统出现的问题及时排查和修复，做到实时监控。

2. 运营风险管理

查看用户评论,实时监控活动效果,对活动细节及时进行调整。

3. 资源风险管理

涉及领奖,严把测试关。同时做到及时发送资源和奖品。

4. 用户风险管理

用心维护用户群体,及时回复用户消息,包括公众号后台、微信客服号。

5. 项目管理风险管理

严格把控时间点,关注活动整体和细节,适时调整活动方案。

附录 C
分销裂变活动策划方案

活动策划示例：媒老板 2019 年线上年会活动

一、活动目的

1. 让更多用户学习线上获客的方法
2. 增加媒老板的品牌曝光量，为公众号带来新流量

二、目标用户群体

想要通过新媒体平台获取更多流量，沉淀到私域客户池的商家或个人品牌，例如教育、电商、珠宝、理财、知识付费等行业。

三、活动主题

媒老板 2020 年 5 天 5 场私域流量实战玩法峰会

四、活动时间

推广期：1 月 7 日 20 点至 1 月 18 日 0 点
正式活动：1 月 13 日至 1 月 17 日

五、活动价格设置

1 月 7 日至 1 月 12 日期间购买为 9.9 元
1 月 13 日至 1 月 18 日期间购买，涨价至 19.9 元

六、活动规则

1. 内部推广渠道

（1）所有个人号朋友圈

（2）所有社群

（3）公众号

（4）微社区

（5）一对一群发

2. 用户路径

用户裂变参与路径如下图所示。

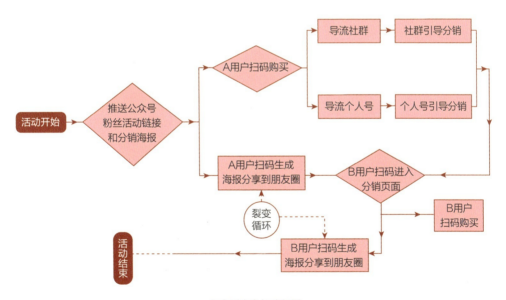

用户裂变参与路径图

3. 推广规则

只要有 1 人扫码购买，就可得 90% 直接推广佣金，也就是 17.9 元，并直接转到微信零钱包。

4. 推广奖励说明

推广奖励说明如下图所示。

七、活动海报

本次活动海报如下图所示。

推广奖励说明

活动海报

八、活动交付内容

只要听了一节课，就感觉值回票价

上午、下午群内有赞助商提供的礼品抽奖活动

中午：老师讲课 30 分钟，收集用户问题

晚上：老师真人出镜直播答疑

九、个人号话术

1. 用户刚加过来的应答话术

你好，我是媒老板商学院的蚊子！

请问是报名了 2020 年私域流量实战玩法峰会吗？

麻烦发一下付款截图给我看看！

2. 用户发送截图后

恭喜你，审核通过啦！

在进群前，有两个小事和你交代一下，请务必看完……（看完即可获得暗号进群！）

（1）现在只要点击链接 ×××，即可生成你的专属海报，转发给好友或朋友圈，每 1 位好友购买，你即可获得 17.9 元推荐金。多邀多得（后台数据显示，每 2 人看到海报，就有 1 人购买，已经有 1/3 的同学赚回学费了）。

把有价值的内容匹配给有需要的人。你的轻微举动可能无意中帮助了最有需要却还在苦苦挣扎的朋友。

（2）为了鼓励传播这一活动的朋友，我们特意设置了奖学金，第一名可以获得我们媒老板商学院全平台通用的 10000 元奖学抵用金。详情点击链接 ××× 即可了解（内含转发所需素材）。

以上内容很重要，认真看完后，给我回复"确认"，即可正式邀你进群。

十、发朋友圈的参考文案

有些新用户可能不太了解媒老板，写出来的文案不一定符合我们的调性。所以提前给用户准备了好几个版本的转发文案，他们只要复制粘贴，不需要

自己想文案就可以转发，降低用户的转发成本。

1. 文案版本一

这个活动太火爆了，每2人浏览，就有1人购买！已有6400多人购买验证了！

如何解决流量贵、获客难、朋友圈不会发、投放转化率低等难题？

诚意推荐你加入媒老板商学院2020私域流量实战玩法峰会！

评论区：19.9元=5场群内干货分享+5场真人出镜直播答疑+价值99元的微信引流与成交营销课+1000份精美礼品抽奖机会。

5位老师线下课总价值为5万元，现在以不到一杯奶茶的价格，就能看足5天！不要犹豫，大家赶紧加入！

2. 文案版本二

19.9元买不了1杯星巴克、不够请客户吃顿饭，却能听5位讲师的5场干货分享和真人出镜直播答疑！

想打造客户流量池，掌握获客新方式，一定要来参加媒老板2020私域流量实战玩法峰会！

评论区：19.9元=5位老师的5场群内干货分享+5场真人出镜直播答疑+价值99元的微信引流与成交营销课+1000份精美礼品抽奖机会。

3. 文案版本三

我一般不轻易推荐直播课，但媒老板商学院这个私域流量实战玩法峰会，我一定要推！有以下原因：

（1）5位线下课老师的5场群内干货分享

（2）5位老师真人出镜直播答疑

（3）价值99元的12节微信引流与成交微信营销课免费听

（4）1000份精美礼品免费送

评论区：权益多的说不清楚了，相信我，想提前打造客户流量池，掌握获客新方式，这场峰会绝对不能错过！

19.9元＝5位老师的5场群内干货分享＋5场真人出镜直播答疑＋价值99元的微信引流与成交营销课＋1000份精美礼品抽奖机会……

十一、使用工具

裂变工具：小裂变

直播工具：腾讯看点直播

抽奖工具：微信抽奖小程序

十二、工作分工安排

工作分工安排表

事项	负责人	具体事项
项目把控		流程把控、海报制作、话术准备 工具测试、物料准备
产品（内容）		与课程老师沟通对接 安排讲课＋内训＋排练测试时间、课程内容监制 找关键意见消费者
群运营		群运营流程、运营话术、工具设置
个人号运营		引流号盘点、防封准备、个人号回复话术
奖品赞助		赞助商筛选及确定 赞助数量 发货方式及发货时间 产品曝光形式 （图片、视频、链接、小程序、公众号）
讲师		讲课、启动量支持
课程制作		活动总海报（两个版本） 每个老师单独一张宣传海报 活动详情页

十三、风险预估

1. 用户口碑

提高响应速度,当天下班前回复完当天消息;严控课程内容质量,做到超预期交付

2. 曝光量不够

提前找好外部投放渠道

3. 群气氛不够活跃

安排内部员工进群活跃气氛

4. 个人号不够用,承接不了那么多流量

提前准备 10～20 个微信号,用于流量承接

5. 个人号被封

提前加好友,做好防封准备

6. 域名被禁

制作多个版本、颜色的海报,用多个分销链接,提前对接工具方

7. 工具使用体验

提前测试好工具使用流程、网络环境

8. 群内没人提问

内部成员提前准备好问题

9. 赞助商的奖品用户评价不好

谨慎挑选赞助商,找信得过、产品口碑好的

十四、活动效果

总付费人数超过 7000 人,浏览人数超过 1.3 万人,表明每 2 人浏览,就

有 1 人购买，转化率达到 51.4%，具体数据如下图所示。

活动数据图

十五、活动复盘

活动复盘清单

项目	具体细节	优化方向
推广渠道	没有投放外部渠道，全部用内部渠道（个人号、公众号、社群）	下次可提前找好外部渠道，分销分红、付费投放都可以，在活动开始 2 天后，预估活动趋势火爆的话，即可动用外部渠道
引导推广的触点	只在用户加到个人号的回复话术里，提到参与推广有奖。响应人数可进一步提升	1. 精简个人号回复话术，比如说：参与推广不仅有佣金，还有机会获得××大奖，如果你愿意，回复：我参与，拉你进推广群 2. 在活动结束前 2 天再群发一句话，触发用户参与推广，比如：前天跟你提了参与推广有奖，你参加了吗 3. 加过来的用户都打了标签，通过公众号模板消息，触发他们参与推广 4. 朋友圈文案有几条可提到推广有奖

（续）

项目	具体细节	优化方向
关键意见消费者招募	在群里宣讲一遍	除了第一遍宣讲，活动期间可不断发掘有潜力的关键意见消费者进群，群内提供推广素材、推广文案、私聊话术、出单奖励等方式，激励关键意见消费者进行推广
分销比例	一级分销直接返佣90%	拆分最高可给的返佣比例，比如一级70% + 二级20%，或者一级80% + 二级10%，这样，二级的返佣会给用户"躺赚"的惊喜感，关键意见消费者会更愿意推广
经费投入	这次主要奖励排行榜前50名	可以投入80%的经费，奖励20%的头部关键意见消费者或者渠道
	尾部用户可再设置奖品激励	推广出3单就能获得奖励，降低用户参与门槛，也使其更愿意推广